노예국가

노예국가
The Servile State

힐레어 벨록 지음
성귀수 옮김

루아크

"소유의 제도를 정상화하지 않고서는

노예의 제도화를 피할 수 없다.

거기 제3의 길은 존재하지 않는다."

일러두기

이 책은 1912년 10월, 런던 T. N. Foulis 사에서 출간된 힐레어 벨록의 《The Servile State》를 번역한 것이다. 한국어 번역본에는 이 책의 이해를 돕기 위한 부제를 따로 첨부했음을 밝힌다.

노예의 자각과 분배의 상상력
- 분배주의Distributism의 고전 -

1912년에 출간된 이 책은 '분배주의'의 정치·경제적 이념을 체계적으로 서술하고 주장한 최초의 문헌이다. '성장과 분배' '분배의 정의' 등 요즘 한국 사회에 끝없는 화두로 거론되고 있는 '분배'의 개념을 이 문헌은 그 가장 본질적인 차원에서 들여다보게 해준다. 저자는 20세기 초의 상황을 배경으로 현대사회가 처한 딜레마에 명쾌한 분석을 가하는데, 그 예언적인 울림이 오늘을 사는 우리에게 섬뜩하게 다가온다. 다음은 '여는 말'에서 밝힌 이 책의 대전제이자, 증명하고자 하는 핵심 내용이다.

생산수단이 소수에 의해 독점된 현대사회는 필연적으로 불안정한 평형상태를 보이기 마련이다. 따라서 그러한 사회는 생산수단을 소유한 사람들의 이익을 위해 그렇지 못한 사람들이 과도한 노동에 강제 투입되는 상황을 합법적으로 제도화함으로써 안정된 평형상태를 도모하는 방향으로 움직인다. 이와 같은 노동의 강제원칙과 더불어 표면화되는 것이 바로 사회계층의 양극화다. 이미 실정법 차원에서 사회구성원은 두 부류로 나뉜다. 하나는 경제적·정치적으로 자유롭고, 생산수단을 소유하고 있으며, 그 소유권을 안전하게 보장받는 집단. 다른 하나는 경제적·정치적으로 자유롭지 못한 반면, 그 이하로 추락해선 안 될 최저 수준의 복지와 생계를 보장받는 집단.

우선 저자는 자본주의 사회가 두 계급으로 분할되어 있음을 정확히 진단했다. 그것은 생산수단을 독점한 소수와 생산수단을 소유하지 못한 채 자본과 유리된 노동을 제공해야만 하는 다수의 사회구성원이다. 일컬어 '프롤레타리안'은 경제적 자율성을 포기하고 영구적인 임금노동자의 지위를 받아들이는 대신, '안전과 생존'을 보장해줄 최저임금을 확보한다. 이런 타협의 불가피한 결과는 다름 아닌 강요된 노동. 그것이야말로 자유와는 거리가 먼 임금노동 시장에서 기대할 수 있는 모든 것이다. 저자는 생산수단을 소유하지 못한 대다수 임금노동자 계층이 최저 생계를 보장받는 대신, 소수 자산가의 이득을 우선하여 실정법상 부과된 노동에 종속되는 것이야말로 자본주의체제의 논리적 숙명이라 보고, 그런 방식으로 안정된 사회를 '노예국가'로 명명한다. 요컨대, "생산수단을 독점한 소수 구성원의 이익을 위해 다수 구성원이 노동에 종사하지 않으면 안 되게끔 실정법으로 법제화된 공동체"를 이른바 '현대판 노예국가'로 간주하는 셈이다.

자본주의와 사회주의를 서로 대척對蹠의 관점에서 논하는 일반적인 경제학 문헌과 현저히 다른 서술 형태를 선보인다는 점에서 이 책의 논조는 매우 신선하다. 자본의 팽창과 혁명의 기운이 함께 들끓던 혼란기, 저자는 이미 두 시스템의 한계를 지적한다. 고삐 풀린 자본주의는 사회주의와 마찬가지로 재산의 분배 면에서 극히 불공평하며, 전자는 은행을 소유한 자들의 금권정치가, 후자는 노골적인 국가권력이 좌지우지하는 불안정한 이데올로기일 뿐이다. 요컨대, 사회주의의 최종 단계는 자본주의 독점체제, 국가 자본주의에 다름 아니다. 저자는 이를 출발점으로 삼아 독창적인 역사의식에 정교한 논리를 가미해 분배주의의 경험과 이상을 설득력 있게 풀어낸다.

서구 역사에서 중세 기독교(가톨릭)는 분배주의가 완벽에 가깝도록 작동하는 새로운 사회 시스템을 구축했다. 이 체제 아래에서 모든 개인은 그만의 사유재산을 소유했고, 일종의 노동조합인 길드에 소속되어 생산수단을 공유해 경제활동을 주도해나갈 수 있었다. 이런 체제는 종교개혁과 더불어 세속권력이 수도원의 토지를 몰수해 사유화하면서 붕괴의 기로에 들어선다. 전체 사회 비율로 볼 때 소수에 속하는 권력자와 자본가 그룹이 생산수단을 독점하기 시작한 것이다.

보통 자본주의의 폐단을 지적할 때 그 기점을 산업혁명으로 보는 시각이 일반적인데, 이 책의 저자는 문제의 씨앗이 훨씬 이전, 곧 중세시대부터 존재해왔음을 주장한다. 일찍이 분배주의적 체제가 무너지지 않은 상태에서 산업혁명이 일어났다면, 오늘날 만연하는 자본주의 폐단은 상당 부분 문제가 되지 않았을 거라는 얘기다. 또한 저자는 현대 자본주의체제가 그 본질적 불안정성을 극복할 수 없어 결국 개혁이라는 이름 아래 다음 두 가지 상황이 표면화할 것이라고 진단하는데, 그 하나가 집산주의(사회주의)체제의 출현이다. 이는 사유재산이 파기되고 일단의 지배그룹이 자본을 독점함으로써 궁극적으로는 노동계급의 모든 자산을 위탁받아 관리하는 형태이며, 결국 노예국가 체제로 귀착된다는 게 저자의 지적이다. 또다른 가능성은, 모든 개인이 생산수단을 소유하는 분배주의체제의 부활이다. 여기서 중요한 것은 분배주의의 야심이, 마르크스주의자들의 방식대로 생산수단을 국유화한다거나 복지라는 미명 아래 사회 전반에 걸쳐 국가의 간섭 수준을 급진적으로 확대하는 것에 있지는 않다는 점이다. 그보다는 가능한 한 많은 사람에게 생산수단을 재분배함으로써 그들 모두를 건강한 자본주의자로 만드는 것이 분배주의의 핵심이다.

저자는 이를 최선으로 진단하면서도 그 실현 또한 쉽지 않다고 말한다. 예컨대, 노동계급의 이익을 위한 현대사회의 법제도가 어떻게 그들의 노예 상태를 더욱 강화하는 결과로 이어질 수 있는지 보여준다. 책이 집필되던 당시 잉글랜드에서 초보 단계로 시행되던 고용수당과 최저임금의 법제화가 그 구체적 사례다. 이는 노동계급이 자본독점 그룹으로부터 생존 수준을 인위적으로 보장받는 대신 정치적 선택의 재량권을 포기하는 것과 다르지 않다. 최저임금의 법제화는 노동자들의 자율적인 권리주장을 그럴듯한 명분으로 봉쇄 내지 완화시킴으로써 사실상 자본가들에게 안정된 이득을 체계적으로 보장할뿐더러, 그 법규들 속에는 고용주와 피고용인 간의 양극화를 심화할 가능성들이 내재되어 있다는 게 저자의 진단이다.

이 의미심장한 책이 풀어내는 여러 진단과 지적은 오늘의 현저한 상황에 비추어 그 섬뜩한 예견 능력을 실감케 해준다. 갈수록 정교해지는 제도적 틀 속에서 운신의 폭을 제한받는 시민들은 자기도 모르게 노예 상태로 길들여지고, 저자가 꿈꾸었던 분배주의적 이상은 점점 설 자리를 잃어가는 상황이다. 《노예국가》의 논지가 과연 현재에도 유효할까"라고 묻는다면 대답은 "그렇다"이다. 2008년 금융위기만 보더라도 임금에 전적으로 의존하는 생활, 주식이나 펀드 비중이 큰 퇴직계좌라든가, 보험이나 연금 등 정부 주도 안전망에 의존한 경제패턴은 이 책이 내다본 그대로 언제든 뿌리부터 흔들릴 수 있다. 일단 실직을 하면 수입은 급속도로 바닥을 친다. 퇴직계좌는 매우 빈약한 형태의 사유재산에 불과하며, 정부 예산에 기반한 사회보장제도 같은 안전망은 허점투성이임이 드러나고 있는 것이다.

하이에크의 명저 《노예의 길The Road to Serfdom》(1944)에 영감을 불어넣은 것으로도 유명한 이 책의 예언적 메시지는 시간이 지날수록 강렬한 빛을 발한다고 한다. 우리는 정녕 현대판 노예인가? 누구는 고개를 끄덕일 테지만, 펄쩍 뛸 사람도 분명 있을 것이다. 중요한 건 스스로 본능적인 저항을 극복하고 다음과 같은 자각에 이를 때, 그 누군가는 적어도 "깨어 있는" 노예일 수 있다는 사실이다.

… 그런 뜻에서 중요한 점은, 노예적 상황이라는 것이 옳고 그르거나 좋고 나쁘고의 문제이기 이전에 하나의 정립된 사

회적 약속 혹은 제도라는 사실이다. 가령 번창일로繁昌一路의 트라야누스 황제 치하 로마제국 시민으로 자부심을 느끼면서도 자신은 절대군주의 존재를 용납할 수 없다고 말하는 어떤 로마인이 있다고 가정해보자. 그는 다른 누군가의 손에 의해 법제화된 노동을 순순히 받아들이면서 세상 그 무엇도 자신을 '노예'로 만들 수 없다고 호언장담하는 오늘날의 시민과 크게 다르지 않다.(1장 전제들)

\ 저자에 관하여

이 책의 저자 힐레어 벨록Hilaire Belloc, 1870~1953은 H. G. 웰스, 조지 버나드 쇼, G. K. 체스터턴과 더불어 영국 에드워드시대(에드워드 7세 치하의 영국, 1901~1910)를 대표하는 4대 문인 중 한명이다. 시인이자 소설가, 문학평론가이자 당대를 대표하는 논객으로서 그는 문학, 역사, 경제, 사회, 정치 분야의 다양한 주제에 걸쳐 150여 권이 넘는 저서를 집필했다. 특히 추리소설의 새지평을 선보인 '브라운 신부 시리즈'의 작가 체스터턴과는 가톨릭 정신에 입각한 발상의 공감대로 각별한 친분 관계여서 버나드 쇼는 둘을 일컬어 체스터벨록Chesterbelloc이라 부르기도 했다. 분배주의 이론에 관한 연구와 그것을 세상에 알리는 노력에서 벨록과 체스터턴은 단연 선구자 위치를 차지한다.

힐레어 벨록은 1870년 7월 27일 프랑스 라셀생클루에서 태어났다. 프랑스인 아버지는 변호사였고 영국인 어머니는 초기 여성참정권운동 투사였다. 벨록의 학교 교육은 대부분 영국 옥스퍼드에서 이루어졌다. 1902년 영국에 귀화해 수년간 (1906~1910) 하원의원으로 활동하기도 했다. 정치적 활동력과 토론 능력이 워낙 뛰어나 본인만 원하면 정치인으로서 전망이 밝았으나, 저술활동을 자신의 소명으로 받아들여 영국문학에서 유례를 찾기 힘든 다양하고 방대한 저술활동을 펼쳤다. 그는 투철한 가톨릭 정신으로 무장한 역사철학의 관점에서 중세야말로 개인의 경제적 자립과 자유, 학문을 통한 지적 열풍이 노예제도를 종식시킨 위대한 시대였음을 역설했다. 반면 16세기 종교개혁과 그와 더불어 태동한 자본주의는 사회·경제적 불안정을 초래해 결국 사회주의와 집산주의, 궁극적으로는 노예체제의 길을 열어놓는다고 보았다. 중세를 이른바 '암흑시대'로 규정하고 보는 계몽주의적 사관이 아직은 대세를 점하던 20세기 초, 이는 매우 비범한 이해력을 드러낸 것이라 하겠다.

\ 분배주의의 요점들

－분배주의란, 모두가 생산수단을 소유함으로써 정치·경제적 자율을 확보하고, 법의 강제력을 통해 그 자유를 구속하

려는 체제로부터 항상 자유롭기를 요구하는 정치·경제적 이데 올로기다.

－사회주의자들과 달리 분배주의자들은 부富 자체의 재분 배를 주장하지는 않는다. 설사 그것이 분배주의가 궁극적으로 낳을 결과들 중 하나일지언정. 분배주의는 어디까지나 '생산수 단의 가능한 한 폭넓은 재분배'를 주장할 따름이다.

－분배주의가 절대시하는 것은 자발적인 노동의 자유다. 노동이 생산수단과 유리될수록 그것은 '노예노동'의 양상을 닮 아간다. 이상적인 세계에서 모든 인간은 자신이 일할 토지와 도 구를 소유한다. 생계의 수단을 그렇게 수중에 넣고 관리함으로 써 모든 인간은 자신의 운명을 자력으로 관리할 수 있다.

－분배주의 이데올로기의 본질은 사회의 생산적 자산이 어느 한 계층에 편중되기보다는 널리 산재되어야 한다는 점에 있다. 그런데 자본주의와 사회주의 모두 이 생산적 자산이 편중 되어 있는 구조다.

－분배주의적 관점에서 볼 때 자본주의와 사회주의는 결함 있는 이데올로기로서 착취 수단으로 악용될 수밖에 없다. 반면 분배주의는 소규모 가업체제 및 지역협동조합 같은 경제구조라 든가 대규모 반독점 체제를 구체적 대안 수단으로 추천한다.

－분배주의가 구현된 사회의 구성원들은 남의 자산을 이

용하지 않고서도 자신의 생계를 도모할 수 있다. 예컨대, 자영 농이랄지 자신의 설비업체를 직접 운영하는 설비공, 목공소를 직접 운영하는 목수 등이 그렇다.

　─ 분배주의사상은 가톨릭 사회교육 원칙들을 토대로 19 세기 말에서 20세기 초 유럽에서 태동했으며, 특히 교황 레오 13세가 1891년 공표한 회칙 〈레룸 노바룸Rerum Novarum〉의 내 용을 그 바탕으로 하고 있다. 이는 교회가 사회참여적 입장을 공식적으로 확인한 최초의 문헌으로, "대다수 노동자 계층을 부당하게 압박하는 가난과 비참"을 언급하면서 "소수의 부유 한 사람들"이 그간 어떤 방식으로 "가련한 노동자들에게 노예 제도보다 별로 나을 것 없는 굴레를 씌워왔는지" 낱낱이 적시 하고 있다(〈레룸 노바룸〉 3장). 나아가 사유재산의 권리가 만인에게 허용되어야 할 자연권임을 분명히 했다(〈레룸 노바룸〉 6장). 재물의 공동 소유라는 사회주의 교의를 정면으로 거부하면서, 사유재 산은 "신성불가침의 자연권"에 속해 이를 위반하는 것은 사회 의 혼란과 무질서를 불러올 것임을 명확히 밝힌 것이다. 그런가 하면, 안전한 노동환경을 제공하고(〈레룸 노바룸〉 42장) 충분한 임 금을 보장해야 할 고용자의 의무와 더불어 노조를 결성할 피고 용인들의 권리(〈레룸 노바룸〉 45장)를 명시했다. 결국 교황 레오 13 세가 〈레룸 노바룸〉을 통해 천명한 것은, 자본주의 또는 사회

주의라는 이데올로기를 떠나 토지 등 생산수단을 직접 소유할 때 비로소 더 열심히 일할 수 있는 인간의 행복이다.

－분배주의자들이 생각하는 경제 질서 안에는 일종의 길드시스템으로 회귀가 포함될 수 있다. 현존하는 노동조합은 그런 점에서 이상적인 분배주의적 경제 질서를 구현한다고 보기 어렵다. 노조란 어디까지나 계급을 기준으로 형성되고, 계급의 이익을 계급투쟁을 통해 추구하는 반면, 길드는 일종의 계급연합체로서 고용주와 피고용인이 상호 이익을 도모하고, 그럼으로써 계급 간 협력을 추구하기 때문이다.

－분배주의는 '보완subsidiarity의 원리'를 강조한다. 이 원리는 정치, 경제, 사회적 차원에서 "보다 큰 규모의 단위는 그보다 작은 규모의 단위가 할 수 있는 기능을 맡아 해서는 안 된다"는 원리다. 다시 말해, 큰 단위는 작은 단위가 하지 못하는 일만 보완해 처리한다는 이야기다. 이 역시 〈레룸 노바룸〉에 뒤이어 그 40주년 기념으로 교황 피우스 11세가 1931년 공표한 회칙 〈40주년Quadragesimo anno〉에 고전적인 골자가 명시되어 있다. 개인의 재량으로 충분히 해낼 수 있는 일을 빼앗아 단체에 넘겨주는 것이 아주 그릇된 조치인 것과 마찬가지로, 소규모 하위 조직의 업무를 빼내 보다 큰 규모의 고위 조직에 할당하는 것은 부적절할 뿐 아니라 일의 질서를 어지럽히는 아주 고약한 조치

다. 자고로 (분배주의가 가장 중요한 경제적 요소로 간주하는) 생산활동이란 동원 가능한 가장 작은 단위를 통해 우선적으로 이뤄지는 것이 적절하다. 규모가 큰 단위는 규모가 작은 단위가 미처 하지 못하는 일을 보완해 해내는 기능을 담당하는 것이며, 이것이 바로 '보완의 원리'가 뜻하는 바다. 분배주의가 사회의 소규모 단위, 이를테면 가족 단위의 가업을 생산활동의 중심체로 보고, 가정이야말로 생산수단의 소유자가 되어야 한다고 역설하는 논리적 근거가 바로 저 '보완의 원리'다. 국가의 과도한 간섭은 개인의 자유와 자율을 위협할 수 있다. 가톨릭교회가 옹호하는 '보완의 원리'에 따르면, 상위 공동체는 하위 공동체의 자율권을 침해해서는 안 되며, 오로지 원조의 필요성에 의해서만 그 활동을 보완하고 협력해주어야 한다. 따라서 소규모 사업의 설립과 지속적인 발전에 대한 지원책, 기업의 독과점이나 인수합병을 저지하는 정책, 생산자들의 협업체제를 지원하는 정책, 공기업의 민영화를 촉진하는 정책, 중앙정부의 권력을 지방정부로 분산하는 정책 등이 바로 보완의 원리에 입각한 분배주의가 현실적으로 구현된 사례들이라 할 수 있다.

2019년

성귀수

차례

옮긴이 해설 **007**

여는 말 **021**

1장	전제들	**027**
2장	우리 문명의 토대는 노예제도였다	**041**
3장	노예제도는 어떻게 붕괴되었나	**047**
4장	분배주의국가는 어떻게 몰락했는가	**063**
5장	자본주의체제는 성장과 비례해 불안정해진다	**085**
6장	불안정성에 대한 안정적 해결책	**101**
7장	사회주의는 자본주의의 쟁점에 대한 가장 손쉬운 미봉책이다	**109**
8장	개혁의 주체와 대상 모두 노예국가를 만들어간다	**125**
9장	노예국가는 시작되었다	**153**

닫는 말 **183**

이 책은 다음 열거하는 사실들을 주장하고 증명하기 위해 집필되었다.

생산수단이 소수에 의해 독점된 현대사회는 필연적으로 불안정한 평형상태를 보이기 마련이다. 따라서 그러한 사회는 생산수단을 소유한 사람들의 이익을 위해 그렇지 못한 사람들이 과도한 노동에 강제 투입되는 상황을 합법적으로 제도화함으로써 안정된 평형상태를 도모하는 방향으로 움직인다. 이와 같은 노동의 강제원칙과 더불어 표면화되는 것이 바로 사회계층의 양극화다. 이미 실정법 차원에서 사회구성원은 두 부류로 나뉜다. 하나는 경제적·정치적으로 자유롭고, 생산수단을 소유하고 있으며, 그 소유권을 안전하게 보장받는 집단. 다른 하나는 경제적·정치적으로 자유롭지 못한 반면, 그 이하로 추락해선 안 될 최저 수준의 복지와 생계를 보장받는 집단.

일단 그런 조건을 갖춘 사회는 목전의 내부적 긴장에서 자유로우며, 표면상 안정된 상태에 이른 것으로 보일 수 있다. 다시 말해, 큰 변화 없이 유지될 수 있는 역량 말이다. 그런 상황은 자본주의 사회에 내재된 여러 불안정 요인이 해소되고, 그 체제를 받아들여 지속시키는 것에 사회구성원들의 합의가 이루어진 것처럼 보이게 만들 수 있다.

나는 바로 그런 식으로 안정된 체제에 '노예국가'라는 타이틀을 부여하고자 한다.

언제 현실화될지 모를 그와 같은 체제를 선악의 관점에서 재단하려는 것이 아니다. 그런 체제적 성향은 오래전부터 존재해왔으며, 최근 몇몇 사회 현상들에 비추어 이미 그 본격적인 활동이 시작되었음을 보여주고자 하는 것만이 나의 의도다.

가진 자와 못 가진 자의 첨예한 계층적 차별을 원하는 사람들은 노골적으로든 암시적으로든 그와 같은 체제를 원할 것이다. 반면 계층적 차별을 우려하거나 증오하는 사람들에게는 그것이 달가울 리 없다.

나는 그 두 입장 간의 논쟁에 불을 붙이기보다는 그들이 각기 선호하거나 우려하는 상황이 전적으로 그들 자신의 결정과 행동에 달린 문제임을 지적하고자 한다.

나는 오늘날 한창 진행 중인 산업화 과정에서 즐거움과 고통을 동시에 경험하고 있는 아일랜드를 포함한 대영제국의 실제 상황을 통해 나의 논제들을 증명해나갈 것이다.

우선 다음과 같이 단계적으로 논의를 정리할 필요가 있다.

1. 몇 가지 개념 규정definition을 분명히 할 것이다.

2. 고대사회에 존재했던 노예제도와 그것을 토대로 한 노예국가를 묘사할 것이다.

3. 기독교(가톨릭)가 지배한 시기에 그 오래된 노예제도가 어떤 과정을 밟아 해체되었는지를 매우 간략하게 보여줄 것이다.

4. 생산수단의 소유권이 고도로 분화된 중세체제가 완성을 목전에 두고서 어떤 연유로 붕괴되었는지, 그리고 어떤 과정을 통해 자본주의에 기초한 사회로 대체되었는지를 간략하게 살펴볼 것이다.

5. 사회적 현실이 합법적 체계와 끊임없는 갈등을 초래함으로써, 또한 그 결과물이 자족sufficiency과 안전security의 동시 만족을 저해함으로써 불안정성의 한계에 머물 수밖에 없는 자본주의가 인간 본성에 어떻게 위배되는지를 보여줄 것이다. 아울러 그런 불안정함이 제기하는

문제가 어떻게 하나의 해결책으로 모아지는지 보여줄 것이다. 곧 실정법과 사회적 관습, 경제적 성과가 안전과 자족을 동시에 보장함으로써 인간 본성에 부합하는 안정된 사회 형태를 갖추는 일 말이다.

6. 5와 관련해 나는 실현 가능한 방법론을 세 가지만 제시할 것이다.

>   (a) 생산수단 일체를 공동체의 정치담당자들 손에 맡기는 집산주의Collectivism.

>   (b) 대다수 시민 각자가 생산수단을 소유하는 분배주의국가의 재건.

>   (c) 생산수단을 소유하지 못한 사람들이 소유한 사람들을 위해 합법적으로 강요된 노동에 임하고, 그 대가로 생계의 안정을 보장받는 노예국가.

이 가운데 (c)의 방법론에 대해 서구사회의 유구한 기독교 전통이 갖는 거부감을 고려할 때, 개혁을 추구하는 사람들에게 열려 있는 것은 처음 두 가지 활로일 것이다. 부언하자면, 이상적 집산주의국가 실현을 위한 매진과 소유의 공정한 분배 혹은 분배주의국가를 위한 구체적 시도가 가능성으로 남는다.

7. 나는 사실상 자본주의에서 비롯된 것이나 다름없는 집

산주의의 이상 추구가 집산주의국가나 그와 유사한 체제의 구현으로 사람들을 이끌기보다는 전혀 다른 제3의 길, 곧 노예국가로 끌어들인다는 사실을 확연하게 보여줄 것이다.

8. 이상 이론적인 논의가 지적인 설득력을 가지고 있음에도 나의 논지를 확고히 정립하기에는 부족한 점이 있기에, 마지막으로 나는 영국의 실제 입법 사례들을 예시함으로써 노예국가야말로 지금 이 순간 우리가 해결해야 할 당면 과제임을 논증하고자 한다.

1장

전제들

인간은 활용 가능하게 환경을 변화시키는 가운데 자신의 생존을 모색한다. 즉 자신의 필요에 덜 부합하는 상태에서 더 부합하는 상태로 환경을 변화시킴으로써 생존 가능성을 넓혀 가는 것이다.

환경을 변화시켜 개선하려는 의식적 노력은 인간의 창조성과 지성에서만 확인되는 현상이며, 이것을 우리는 '생산활동'이라는 개념으로 파악한다.

재화Wealth라는 것은 인간의 필요에 덜 부합하는 상태에서 더 부합하는 상태로 의식이 진화하면서 그에 걸맞게 일구어낸 환경의 결과물이다.

재화 없이 인간은 생존할 수 없다. 재화의 생산은 인간의 본원적 행위에 속하며, 항상 더 시급한 차원에서 덜 시급한 차원으로 진화한다. 심지어 재화의 생산은 이른바 '사치luxury'라 부르는 가장 덜 시급한 차원으로까지 치달을 수도 있다. 그럼에도 어느 인간 공동체든 그 구성원의 생존에 반드시 필요한 재화의 최소 기준은 늘 엄존한다.

요컨대, 재화의 생산을 통제하는 것은 인간의 삶 자체를 통제하는 것과 같다. 인간에게 재화 생산의 기회를 박탈하는 것은 곧 생존의 기회를 박탈하는 것과도 같다. 한 사회구성원의 합법적인 생존을 가능케 해주는 유일한 방법은 그가 재화를 생산할 수 있게끔 법률로 보장해주는 것이다.

재화란 우리를 에워싼 환경에 우리의 정신적·육체적 에너지를 효율적으로 투자함으로써 생산되며, 그와 같은 에너지의 투자를 우리는 노동이라 부른다. 아울러 그러한 노동이 벌어지는 물리적 환경을 다소 협소하지만 통념상 간략하게 토지의 개념으로 설정할 수 있다.

따라서 재화의 생산과 관련한 모든 문제는 두 가지 본질적 요인, 곧 노동과 토지를 포괄하는 것처럼 보인다. 그런데 다른 생물체와는 판이하게 환경에 대한 인간 고유의 지적이고 의식적인 작위作爲를 고려하면 가장 중요한 세 번째 요인을 논의 속으로 도입하지 않을 수 없다.

인간은 도구를 만들어 작업을 돕고 생산수단을 다양하게 늘림으로써 더 많은 재화를 창출하고자 한다. 이는 곧 노동과 토지처럼 필수적인 또다른 생산요인의 등장으로 이어지게 된다. 어떤 생산과정도 일정한 시간의 경과를 전제해야만 가능하다. 따라서 생산자는 생산에 소요되는 시간 동안 노동을 지탱해줄 의식주 해결을 보장받아야만 한다. 그렇기 때문에 과거에 창출한 재화 축적의 필요성이 대두되는 것이다.

\ 개념 규정

도구를 만드는 일이건 식량을 비축하는 일이건, 즉각적인 소비를 겨냥해 재화를 생산하지 않는다는 점에서는 대동소이한 노동이다. 한마디로 무언가를 예비하고 저장하는 차원에서 생산된 재화는 사회의 경제적 복잡성이나 단순성에 따라 생산활동의 균형을 맞추는 데 필수적이다.

도구가 되었든 식량이 되었든, 즉각적 소비가 아닌 미래의 생산활동을 지탱할 목적으로 비축하고 예비해둔 재화에 대해 우리는 자본이라는 개념을 적용한다.

요컨대, 인간이 재화를 생산하는 과정에 필수로 작용하는 세 가지 요인을 우리는 일반적으로 노동과 토지, 자본이라 부른다.

보통 우리가 생산수단을 말할 때 그것은 토지와 자본이 결합된 무엇을 의미한다. 따라서 어떤 사람이 생산수단을 갖추고 있지 못하거나 생산수단을 갖춘 다른 누군가의 허락 없이는 재화를 생산할 수 없을 때, 우리는 그가 단지 노동을 할 뿐이며 자본이나 토지 또는 그 둘의 결합에 대한 권한을 전혀 가지지 못한 것으로 파악할 수 있다.

정치적으로 자유로운 인간, 다시 말해 법法 이전에 자신의 뜻에 따라 자신이 가진 에너지를 사용할 (또는 뜻을 거슬러 사용하지 않을) 권리를 향유하되, 생산수단의 소유 권한을 합법적으로 보장받지 못하는 사람을 우리는 프롤레타리안proletarian이라 부르며, 그들로 구성된 집단을 프롤레타리아트proletariat라고 일컫는다.

토지와 그로부터 나온 재화, 그와 결부된 모든 생산수단에 대한 권한이 사회적 약속에 의거해 어떤 특정인이나 특정 단체에 귀속될 때, 우리는 그것을 '재산property'이라는 용어로 통칭한다. 이를테면 어떤 건물을 포함한 건물 부지가 특정 시민이나 단체의 재산이라고 할 때, 이는 그 재산의 소유자가 해당 건물을 사용하거나 사용하지 않을 권한이 법으로 보장되어 있음을 의미한다. 아울러 사유재산이란 용어는 (생산수단을 포함한) 일정 재화의 소유권이 사회적 약속에 의거해 어떤 단체나 체제가 아닌 특정 개인에 귀속되어 있음을 의미한다. 가령 맨체스터 시민인 존슨 씨는 맨체스터 시민으로서 재산을 소유한 것이 아니라 오로지 존슨 씨라는 한 인격체로서 사유재산을 소유한 것이다. 이는 존슨 씨의 옆 건물 소유자인 맨체스터 시당국이 시 전체의 공동체를 대신해서 그 건물을 소유하는 것과는 다르다. 존슨 씨는 맨체스터에 가옥 한 채를 소유하고도 글래스고로 이사할 수 있다. 그러나 맨체스터 시당국은 도시 전체의 집단적 정체성과의 연관 속에서만 그곳의 건물을 소유할 수 있다.

생산수단이 공동체의 행정관들 손에서 관리되는 사회를 우리는 집산주의 또는 보다 보편적으로 사회주의 공동체라고 부른다.

토지와 자본에서의 사유재산, 다시 말해 생산수단의 소유권과 통제 권한이 일부 시민에게만 귀속되고, 나머지 대다수 시민은 그와 같은 소유권을 가지지 않거나 극히 제한된 범위에서만 가질 때 우리는 그 체제를 자본주의 사회라 부른다. 그런 사회에서 재화가 생산되는 방식은 프롤레타리아트의 노동력을 토지와 자본에 투자하는 길밖에 없으며, 그를 통해 프롤레타리아트는 생산된 전체 재화의 일부만 누릴 수 있을 뿐이다.

자본주의국가를 규정하는 두 가지 특징은 다음과 같다. 첫째, 국가의 구성원인 시민은 정치적으로 자유다. 이를테면, 자기 의지에 따라 재산이나 노동력을 투자하거나 투자를 거둘 수 있다. 둘째, 국가 구성원인 시민이 자본가와 노동자로 구분되며, 그 비율은 시민 전체가 소유권을 보장받는 게 아니라 상대적인 소수집단으로 소유권이 제한되는 방향에서 결정된다. 요컨대, 자본주의국가는 본질적으로 정치적 자유시민의 두 계층으로 구성되는데, 하나는 자본가 집단이고 다른 하나는 노동자, 곧 프롤레타리아트 집단이다.

나의 마지막 개념 규정은 노예국가에 관한 것이다. 이 개념은 그 자체로 생소하기도 하거니와 이 책의 주제이기에 개념을 규정하는 데서 멈추지 않고 적용 범위의 확장을 도모할 것이다.

노예국가란 다음과 같이 정의할 수 있다.

어떤 국가의 절대 다수 구성원이 실정법에 의거해 소수 구성원의 이익을 위해 노동력을 제공하지 않을 수 없을 때 우리는 그것을 노예국가라 부른다.

'노예적 노동'과 '비非노예적 노동'을 가르는 명확한 경계선이 존재하며, 그 양쪽을 특징짓는 조건들은 서로 확연히 다르다. 비노예적 노동에 종사하는 사회구성원은 노동을 거부하고 그 거부 권한을 협상의 도구로 적극 활용할 수 있다. 반면, 노예적 노동에 종사하는 사회구성원은 노동을 거부하거나 거부 권한을 지렛대 삼아 협상할 능력이 없으며, 사실상 노예의 신분을 보장하는 법률로 지탱된 사회제도와 관습에 자신의 안위를 내맡길 뿐이다.

노예국가라는 개념을 단순한 은유에 머물지 않는, 엄밀한 의미의 용어로 이해하기 위해서는 먼저 '노예적 상황'을 단순히 억압과 강제성이 두드러진 상황으로 일반화하는 시각에서 탈피해야 한다. 요컨대, 노예국가의 노예적 본질은 법적으로 제도화된 특정 계층의 노동이 또다른 계층의 이익에 종속되는 상황을 반드시 상정해야 이해할 수 있다.

그런 뜻에서 중요한 점은, 노예적 상황이라는 것이 옳고 그르거나 좋고 나쁘고의 문제이기 이전에 하나의 정립된 사회적 약속 혹은 제도라는 사실이다. 가령 번창일로繁昌一路의 트라야누스 황제 치하 로마제국 시민으로 자부심을 느끼면서도 자신은 절대군주의 존재를 용납할 수 없다고 말하는 어떤 로마인이 있다고 가정해보자. 그는 다른 누군가의 손에 의해 법제화된 노동을 순순히 받아들이면서 세상 그 무엇도 자신을 '노예'로 만들 수 없다고 호언장담하는 오늘날의 시민과 크게 다르지 않다. 그런가 하면 노예적 상황의 거부감과 관련해 이런 반론도 있을 수 있겠다. 강요된 노동에 종사하되 그로 인해 의식주의 불안정을 모면할 수 있다면, 그 모든 것의 결핍에 시달리는 자유 상태보다 훨씬 낫지 않겠느냐는. 그러나 여전히 중요한 것은 이와 같은 모든 논란이 이 책에서 말하는 '노예'의 개념 정의에 중요한 영향을 미치지 않는다는 점이다.

따라서 이 책은 오로지 문제의 경제적 양상에 집중하고자 한다. 노예적 상황을 복원하려는 현대사회 동향들의 경제적 본질을 명확히 규명할 때, 그것의 개선을 목표로 지난 시대 우리가 치러온 모든 변혁의 의미, 그 장단점을 자유로이 논할 수 있을 것이다.

현대판 노예제도의 특징은 주인이 노예를 소유하는 상황으로 단순화할 수 없다. 노예제도라는 것은 인간 본성과 인간 사회를 구성하는 여러 다양한 힘의 작용으로 만들어진 하나의 경제 형태일 가능성이 크다. 물론, 오늘날 잉글랜드에 노예제도가 부활한다면 그에 속한 개인은 자본주의 전반의 노예라기보다는 어느 특정 회사의 노예로 보일 것이다. 그리고 역사가 아주 오래된 사회체제일수록 개인이나 집단이 노골적으로 노예를 소유하는 것이 하나의 정착된 관습이었음을 우리는 잘 알고 있다. 다만 이 자리에서 내가 강조하고자 하는 것은 그런 양상들로 노예제도의 본질을 설명할 수는 없다는 점이다. 노예의 존재로 지탱되는 체제의 초기 단계, 심지어 사회 자체의 존속과 관련한 영구적 단계로서 쉽게 상정할 수 있는 것은, 노골적인 노예제도의 틀을 굳이 빌리지 않고서도 어떤 계층 전체가 일부

계층의 이득을 위해 강제된 노동에 종사하고, 그 강제성이 실정법으로 제도화됨으로써 무의식중에 노예화되는 상황이다.

노예와 자유인의 궁극적인 대립은 국가가 노예에게는 '생존'을, 자유인에게는 '소유'를 보장해줌으로써 유지된다. 그런 대립이 지탱하는 사회에서 노예란 노동을 강요받지 않는 집단으로부터 소외되어 노동을 강요받는 집단에 귀속되는 신분으로서 정의된다.

요컨대, 노예국가란 그 구성원이 삶의 일정 시간만 노동을 강요받고, 심지어 노동과 관련한 협상과 재산 축적까지 가능한 상황에서도 얼마든지 존재할 수 있는 개념이다. 가령 노예도 평생 어느 누구에게나 노예인 경우가 있는가 하면, 특정 업무와 관련해 특정인과의 계약관계 속에서 노예인 경우가 있다. 전자는 물론이고 후자 역시 노예인 것은 분명하며, 그 인원수와 업무량이 많아질수록 그들이 지탱하는 체제는 노예국가의 양상을 노골화한다.

현대 산업사회가 일정 수준 경제력을 갖춘 구성원과 그렇지 못한 구성원을 구분해 법적으로 후자에게만 노예적 상황을 강제할 경우, 그것이 개인의 일생이 아닌 일시적 조건만을 구속할지언정, 이미 그곳은 노예제도가 작동하는 사회로 볼 수 있다.

그렇다면 명목상으로 또는 진정한 자유의지로 맺은 계약에 의해 노동이 강요되는 상황은 어느 선까지 노예적 양상과 연관시켜 해석할 수 있을까? 비록 자유로운 선택의 결과로 맺어졌다 한들, 국가 차원의 제도적 강제성에 입각해 작동하는 노동계약은 노예적 본질에서 벗어날 수 없는 것인가?

예컨대, 나는 먹을 음식과 입을 옷이 없고, 그것들을 구할 재화를 생산하기 위한 수단마저 가지고 있지 못하다. 한마디로 생존을 보장받는 조건으로 생산수단의 소유자에게 일주일의 노동력을 제공한다는 계약을 맺지 않고서는 그 모든 것에 접근할 수 없는 상황이다. 이때 문제의 계약을 강제하는 국가제도는 그 일주일 동안 나를 노예로 만드는 합법적 장치가 아닐까?

물론 아니다. '노예'란 사회적 조건 말고도 당사자의 어떤 마음가짐과 생활습관을 전제하는 개념인데, 불과 일주일 효력의 계약에 그런 모든 것이 수반될 리는 없기 때문이다. 인생이라는 시간과 미래에 대한 기대로 볼 때, 그 정도 단기계약을 이행하는 것이 자유에 대한 인간의 감각을 위협할 순 없다.

그러나 1개월, 1년, 10년, 평생의 계약이라면 어떨까? 결핍에 시달리는 사람이 자기 자신은 물론 가족의 생존까지 담보한, 어쩌면 평생이 될지 모를 장기간 계약을 맺었다고 가정해보자. 그런 계약의 이행을 강제하는 제도라면 인간을 노예화한다고 말할 수 있을까?

　조금 시각을 달리해, 만약 그가 장기간 또는 평생의 노동 계약을 맺되, 그것이 단순한 생존을 염두에둔 것이 아니라 재화의 축적까지 가능케 하는 것이라면 어떨까? 그런 계약의 이행을 강제하는 제도가 한 인간을 노예화한다고 볼 수 있을까? 단적으로 말해, 아니다. 노예제도의 경제적 원리는 노예의 노동력에 대해 생존이나 생존을 간신히 상회하는 수준의 대가만 보장하는 것이기 때문이다. 노예제도란 노예의 존재를 통해 자유인이 이득을 취한다는 사실 그리고 그 제도에 종속된 당사자가 생존을 크게 벗어나지 않는 수준의 대가만을 요구한다는 사실에서 존재 이유를 인정받는 제도다.

　사실 서구인들은 사회 형성과 생산 메커니즘에 잠복한 이들 순수한 노예의 개념으로부터 태어났다. 까마득한 과거, 유럽은 노예적 사회였다. 그러다가 여러 세기에 걸쳐 가톨릭교회가 일어나 사회 전체로 퍼져나가면서 유럽은 그 뿌리 깊은 노예의 개념에서 점진적으로 벗어났다. 그런데 오늘날의 산업사회, 우리의 자본주의적 체제에서 다시 노예의 개념이 고개를 들고 있다. 우리는 지금 노예의 부활을 목도하는 중이다.

　이 사실의 입증에 한 걸음 더 들어가기 전, 나는 잠시 초점을 되돌려 옛날 유럽의 노예사회가 어떻게 자유사회로 변모했

는지 간단히 돌아볼 생각이다. 그런 다음, 갓 자리 잡은 비非노
예적 사회가 종교개혁의 광풍과 더불어 유럽의 일부 지역, 특히
잉글랜드에서 어떻게 좌초했는지를 개괄적으로 짚어볼 것이다.
거기에서 우리는 통상 자본주의 또는 자본주의국가라 부르는
과도기적 단계의 형성 과정을 확인하게 될 것이다.

이처럼 순전히 역사적인 고찰은 이 책의 주제를 논하는 데
반드시 필요한 것은 아니다. 다만, 과거 현실에서 벌어진 일들의
구체적인 정보는 그 일들의 논리적인 연장선이 미래 어느 지점
을 향하는지를 보다 선명하게 이해시켜준다는 점에서 독자에
게 유익하다.

2장

우리 문명의
토대는
노예제도였다

과거 유럽의 어떤 분야에 초점을 맞추든, 2000년을 이어 온 사회 전체의 토대가 노예제도였음을 우리는 알 수 있다.

고도로 문명화된 지중해 도시국가, 북방의 켈트족, 게르만 의 유목사회가 예외 없이 노예의 존재에 의존해왔다. 노예는 사 회의 기본 개념 중 하나로서 어디에나 있었고, 아무런 논란도 불러일으키지 않았다. 요컨대, 관습적으로나 정서적으로나 우 리는 노예의 존재를 당연한 조건으로 받아들였고, 그를 바탕으 로 경제활동을 창출했으며, 아무 의심 없이 그것을 인간사회의 상수로 간주해온 것이다.

그럼에도 노예를 만드는 것은 어디까지나 가난이었다. 전 장에서 압송되어온 전쟁포로라든지 해적에 의한 납치, 시장에서의 인신매매 등이 노예 공급의 구체적 양상들일 순 있었다. 그러나 노예제도를 영구적으로 지탱해주는 뿌리는 태생적이든 후천적이든 삶의 빈곤에 따른 불가피한 조건에서 찾아야 한다.

우리가 아는 고대 그리스 사회는 바로 그런 조건을 기준으로 한 이질적인 두 계층으로 구성되었다. 하나는 국가 운영에 목소리를 낼 수 있고 일정한 사유재산을 보유하며 순전히 자기 의지에 따라 노동을 할 수도 안 할 수도 있는 시민계층. 다른 하나는 생산수단을 소유하지 못한 탓에 제도적으로 노동을 강요받아야 생존이 가능한 또다른 계층.

물론 추후의 발전 과정을 통해 노예를 포함한 가난한 계층이 재화를 축적하고 자신의 자유를 확보하는 일이 가능했던 것은 사실이다. 아울러 자유를 누리는 계층에서 토지와 자본 등의 생산수단을 상실함으로써 프롤레타리아트로 전락하는 일이 특히 대도시를 중심으로 비일비재했던 것 역시 사실이다. 하지만 그런 혼돈의 추세가 근원적인 노예국가의 구조를 근간에서 뒤흔들 만큼 강력한 경향으로 자리를 굳혔던 것은 아니다.

결론을 대신해 우리가 논하고자 하는 노예국가의 본질과 관련한 몇 가지 특징을 정리하면 다음과 같다.

첫째, 노예 상태에 대한 자유 상태의 상대적 우위가 명확한데도 인간은 빈곤의 대안으로서 자유의지에 따라 노예 상태를 받아들여왔다.

둘째, (이것이 노예국가와 그 도래 가능성에 대한 판단에서 가장 중요한 문제인데) 지난 수 세기에 걸쳐 인간을 강요된 노동으로 내모는 합법적 체제에 대한 조직적이고 의식적인 저항을 찾아보기란 어렵다.

노예의 존재를 문제 삼는 저술활동은 수위를 달리하며 항상 있어왔다. 철학자들이 기꺼이 나서서 노예 없는 이상사회를 역설하는가 하면, 다른 누구는 노예제도가 인간의 존엄성을 해친다고 인정하면서도 이런저런 구실을 붙여 그 존립을 두둔했다. 심지어 국가란 필연적으로 노예적 본질을 갖는다는 주장까지 있었다. 그러는 가운데 자유인이든 노예든 근본에서부터 문제를 해결할 생각은 없었던 듯하다. 노예에 반대하든, 자유에 찬성하든 순교자가 없는 것이다. 이른바 '노예전쟁Servile Wars'이라 부르는 것도 도망친 노예들이 다시 붙잡히지 않으려고 펼친 저항이었을 뿐, 노예제도 자체를 용납 불가능한 것으로 정의하는 선언에까지 이르지는 못했다. 이런 사정은 기독교에 의해 이교세계가 붕괴되기까지 흔들림 없이 유지되었다. 노예제도가 아무리 험악하고 추악한 행태를 이어가도 그 자체는 늘 자연의 본질에 결부되어왔다.

‖ 2장 우리 문명의 토대는 노예제도였다

인간은 노예의 존재를 합리화하는 사회질서 안에서 실로 행복해 보였다고까지 말할 수 있다. 과거 노예 신분에서 탈피하려는 개인의 간헐적인 노력은 오늘날 임금생활자의 처지에서 벗어나 신분 상승을 노리는 현대인의 집요한 그것에 비할 수 없다. 노예제도는 인간이 빠져 죽을 정도의 지옥도, 어떠한 희생을 치르고라도 빠져나와야만 할 질곡도 아니었던 것 같다. 그것은 당하는 쪽이나 누리는 쪽 모두가 자연스럽게 수용하는 사회적 조건이었다.

노예제도는 유럽 역사에서 결코 생소한 경험이 아니다. 유럽인에게 그것이 수용 가능한 무엇이라 보는 것은 전혀 엉뚱한 견해가 아니다. 노예제도는 지금은 많은 사람이 거의 시효가 다 된 것으로 치부하는 기독교적 신앙이 유럽에 뿌리내리기까지 오랜 세월 사회를 지탱하는 근간으로 유지되었다.

그런 관점에서 볼 때 노예제도를 확고한 토대로 삼아 장기간에 걸쳐 구축된 사회질서를 제치고 일어선 기독교(가톨릭)적 체제는 하나의 거대한 실험이었다. 바로 그 실험을 통해서 우리는 노예제도가 그와는 전혀 다른 성격의 사회체제로 이행하는 점진적인 변화 과정을 목도하게 된다.

3장

노예제도는
어떻게
붕괴되었나

지금부터는 기독교 세계에서 노예제도가 어떤 식으로 소거되었는지, 그 복잡하면서도 기나긴(근 1000여 년에 걸친) 과정을 되도록 간명하게 살펴보고자 한다.

우선 명확히 해둘 점은 서기 1세기에서 4세기에 걸쳐 유럽인의 정신세계를 강타한 방대한 변혁의 (흔히 '기독교로의 대전환'이라 불리지만 보다 정확하게는 '교회의 성장' 정도로 칭하는 것이 적절한) 흐름에 노예제도에 대한 반감 내지 공격은 포함되지 않았다는 사실이다.

교회의 어떤 도그마도 노예제도를 비도덕적인 것으로 규정하지 않았고, 인신매매를 죄악으로 단죄하지 않았으며, 노동을 강요하는 것이 인권에 위배된다고 선언하지 않았다.

노예를 풀어주는 것이 기독교인들 사이에 하나의 선행으로 인정받기는 했지만, 그것은 이교도들에게도 마찬가지였다. 로마제국 말기, 야만의 침공이 거센 상황에서 기독교도가 이교도에게 노예로 팔려나가는 것을 끔찍한 재앙으로 여긴 것은, 노예제도 자체에 대한 부정적 인식에서가 아니라 문명세계에서 야만세계로 끌려가는 것에 대한 거부감 때문이었다. 요컨대, 초기 기독교 사회에서 노예제도가 사실상 쇠퇴일로에 들어서긴 했으나, 그것을 하나의 체제로서 비판하든지 윤리적으로 단죄하는 움직임이 있었던 것은 아니다.

노예제도의 쇠락은 이른바 빌레Villae(빌라villa의 복수형 - 옮긴이)로 불리는 대규모 농가군락이 생산활동의 기본 단위로 자리 잡으면서 완만하게 진행된 현상이다. 물론 그밖에도 다른 많은 군집의 형태가 존재했다. 이를테면, 소지주들의 관할 아래 있는 작은 규모의 소작 농가들이 있었고, 자유민들의 연합 공동체적 성격이 강한 비쿠스Vicus라는 촌락이 있었는가 하면, 조직화된 노예들이 주인의 이익 창출을 목표로 일하는 각종 제조소들이 있었다. 로마의 도시는 이들을 둘러싼 지역을 행정적으로 포괄하면서 성장해갔다.

이 가운데 가장 지배적인 형태가 바로 빌레였다. 농업 생산의 단위로 기능했던 빌레는 서기 400여 년에 걸친 고도의 문명

사회에서 중세 암흑시대로 넘어가면서 점점 더 사회의 기본 모형으로 자리를 굳혀갔다.

초창기 빌레는 택지와 목초지, 경작지, 숲, 황무지 등 거대한 토지 규모를 갖추면서 시작되었고, 통치자dominus 혹은 지주의 절대적 소유권이 두루 작동했다. 그 안에서 토지를 경작해 최소한의 생계를 꾸려가되 지배자의 축재를 위해 봉사하는 구성원 절대다수는 노예 신분이었다. 로마제국이 중세 암흑시대로 건너가면서 빌레 안에 또다른 요소들, 이를테면 지주에게 적당한 수준의 봉사만 할 뿐인 자유민이랄지, 한시적 계약관계를 통해 일하는 독립적인 시민이 서서히 등장했지만, 사회 전체를 특징짓는 것은 여전히 노예의 존재였다.

요컨대, 로마시대 빌레의 기원은 전적인 사유지의 개념이었으며, 그를 토대로 한 재화의 생산은 천연자원에 노예의 노동력을 적용함으로써 가능했다. 토지와 마찬가지로 노예의 노동력은 전적으로 지주의 소유였다.

기독교 교회의 설립과 성장을 수반한 새로운 사회에서 그러한 체제가 보인 첫째 변화는 오랜 세월 임의로 고착되어온 노예 신분에 변화를 몰고 올 관습법의 출현이었다.

여전히 노예는 노예였으나 일정한 관습적 의무 이상의 노동은 부과되지 않는 것이 사회 통념에 부합하는 분위기였다. 무엇보다 노예와 그 자손이 점점 어느 한 장소에 정착할 수 있게 되었다. 아직 노예 매매가 이뤄지긴 했지만 그 수는 현저히 줄어들고 있었다. 세대가 거듭할수록 선대가 살았던 터에 정착하는 노예의 비율이 늘어났고, 그들이 일구는 생산량에서 지주가 거둬가는 양은 일정 수준을 넘지 않도록 점점 고정되는 추세였다. 나머지는 노동을 한 당사자인 노예의 재량에 맡김으로써 제도 자체에 융통성이 개입할 여지가 커져갔다. 공권력의 작동이 줄어들고 노예 노동력의 완전 착취를 보장하던 집중화된 시스템이 약화됨으로써 일종의 암묵적 거래 조건이 형성된 셈이다. 곧 지주에게 바치는 생산량이 관습적 수준을 밑돌지만 않는다면 그 이상을 생산해 노예 스스로 챙기는 것에 대해서는 얼마든지 관용을 베푸는 식의 거래 말이다.

이상과 같은 추세가 300년가량 점진적으로 확대되는 가운데, 서기 9세기에 이르러 생산 단위의 고정된 형태 하나가 서구 기독교 세계에 그 뚜렷한 윤곽을 드러내기 시작했다.

예로부터 소유권과 결부된 토지는 다음 세 가지 부류로 나뉘었다. 첫째 지주가 사적으로 보유한 목초지나 경작지와 같은 사유지가 있었고, 둘째 노예 또는 한때 노예였던 자들에 의해 점유된, 그리하여 (법적이기보다는 현실적으로) 거의 소유하고 있는 것이나 마찬가지인 점유지가 있었다. 마지막으로 지주와 노

‖ 노예국가

예 모두 각자 나름의 권리를 행사하는 공유지가 있는데, 이 경우 권리는 관습에 따라 인정받고 유지되었다. 예컨대, 어떤 마을에 염소 300마리를 수용할 만한 규모의 목초지가 있을 때 지주가 염소 50마리만 방목한다면 나머지 250마리의 방목 권한은 마을의 차지가 되는 셈이다.

이중 첫째 경우인 사유지에서 기대할 수 있는 재화 생산은 정해진 시간 동안 노예가 제공하는 노동에 의해 이뤄졌다. 노예는 매일 또는 (관습으로 정해진) 날수에 맞춰 꼬박꼬박 지주의 토지를 경작해야 하며, 그렇게 해서 거둔 모든 재화를 일단 지주에게 넘겨야 한다. 물론 노역 당사자로서 생존에 필요한 일당은 따로 주어진다.

둘째 경우, 곧 빌레의 대다수 경작지와 목초지에서는 노예가 자율적으로 개선해나갈 수 있는 일정 규칙과 관습에 준해 일을 한다. 이때 자체적으로 선출하거나 임명한 지주 측 관리자가 노동 전반을 감독한다. 이처럼 지주와 노예가 관습에 준한 협업의 결과로 산출한 재화는 적정 수준으로 고정된 분량만 지주의 소유가 된다.

마지막으로 셋째 경우는 숲이나 황무지, 목초지에서 노예이거나 한때 노예였던 사람들의 노동에 의해 생산활동이 전개된다는 점에서는 다른 두 경우와 마찬가지지만, 그것이 창출한 재화를 관습에 준해 지주와 노예가 조화롭게 분할, 공유한다는 점이 다르다.

서기 8세기, 9세기, 10세기에 이르도록 이와 같은 체제가 사람들 뇌리에 자연스럽게 각인됨으로써 일하는 민초에 관한 노예적 개념이 점점 그 의미를 잃어갔다.

사실 이 시기의 문헌자료는 무척 희소한 편이다. 문제가 되는 300여 년의 시간은 유럽 역사에서 매우 고된 시련의 시기였으며, 관련 기록의 상당 부분은 거의 다 소실되거나 유실된 상태다. 따라서 특히 후기로 갈수록 당시 사회에 관한 연구는 직접적인 증거보다 추정에 의존한 내용이 대부분이다. 그럼에도 해당 시기 초반에 이미 드문 일이었던 인신매매가 끝자락에 와서 거의 눈에 띄지 않았다는 것만은 명백한 사실이다. 집안에서 하인이 일하는 것과는 달리, 고대 이교사회에서 통용되던 의미의 노예제도는 상상을 초월할 정도로 큰 변화를 겪은 셈이다. 11세기 새로운 문명의 시작과 더불어 본격적인 중세시대가 문을 열고부터는, 비록 세르부스servus(라틴어로 '종' '노예'라는 뜻)라는 용어가 여전히 사용되긴 했으나, 그 위상이 총체적으로 달라졌음을 이 시기 비로소 풍부해진 자료로 확인할 수 있다. 더는 노예slave라는 단어로 그 개념을 온전히 담아내기가 어려울 정도다. 따라서 상당 부분 다른 의미를 내포하는 '농노農奴, serf'

라는 새로운 단어를 사용하지 않을 수 없다.

십자군 원정과 노르만 침공이 벌어진 11세기와 12세기 초엽의 중세 농노는 이미 소작농이나 다름없었다. 그는 자신이 나고 자란 바로 그 땅에 합법적으로 귀속된 존재였다. 관습적 기준으로 그에게 요구되는 것은 농노로서 부여받은 토지의 할당 구획을 경작하는 것과 지주에게 정해진 수확량을 바쳐야 한다는 것뿐이었다. 그 의무만 정확히 이행하면, 농노 계층에 속한 입장에서도 얼마든지 다른 일을 하거나 교회에 나가도 되며, 도시의 발전과 더불어 사실상 자유로운 주민으로 삶을 영위하는 것이 가능했다. 노동자의 위상에 관한 노예적 개념은 점차 희박해졌고, 사회의 법률과 관습은 주기적인 노동과 일정량의 공납을 준수하는 것 말고는 모든 점에서 자유로운 삶을 보장하는 방향으로 진화했다.

중세 문명이 발전하고, 부富의 축적이 증대되는 가운데 예술까지 점진적으로 번창하면서 사회 전반에 걸친 자유의 색조가 더욱 두드러졌다. 이른바 기근의 시대(역병과 전쟁 등의 이유로)를 맞아 강제 노동을 부과하고자 하는 기득권의 시도가 비등했음에도 불구하고 적정 수준의 공납제도와 노동의 대가를 요구하는 시대적 흐름을 되돌리기엔 역부족이었다.

만약 당신이 14세기 말이나 15세기 초에 프랑스나 영국에서 어느 지주를 방문한다면, 그는 자기 소유의 땅을 가리키며 당신에게 이렇게 말할 것이다. "여기가 바로 내 땅이오." 하지만 그곳에 사는 소작농들 역시 자기가 일구는 농지를 가리키며 "이곳은 우리 땅입니다"라고 말할 것이다. 그들이 거기서 쫓겨나는 일은 없다. 관습적으로 지주에게 바쳐야 하는 공납은 그들이 산출한 전체 재화의 일부에 지나지 않는다. 땅을 사고팔 수는 없지만 대대로 물려줄 수는 있다. 그렇게 1000여 년에 이르는 기나긴 과정을 밟아 노예라는 존재는 당대의 사회 통념상 용인되는 자유인의 틀을 하나씩 갖춰갔다. 재화를 비축한다든지 미래를 위해 투자하는 일, 불모지를 경작지로 일구고 도랑을 파 물을 대는 등의 토지 개간까지 자신의 이윤 창출을 위해 무엇이든 시도하는 일이 가능해졌다.

로마시대 군락에서 시작된 노예 해방의 물결은 중세로 접어들면서 부의 분배와 더불어 노예국가 유산의 혁파를 지향하는 수많은 제도적 장치를 낳았다. 이를테면 도시의 운송이라든가 수공업, 상업이 '길드'라는 형태로 조직화되었다. 길드란 자본 소유자들이 주체가 되어 협업을 기조로 구성한 일종의 공동조합으로, 자율적인 협업체제 유지와 구성원들 간의 경쟁 방지를 목표로 탄생했다. 곧 길드 안에서는 그 누구도 상대의 손해를 통해 자신의 이득을 도모해서는 안 되었다. 무엇보다도 길드

‖ 노예국가

는 부의 분할을 엄격하게 관리해 프롤레타리아트와 자본가가 어느 한쪽으로 편중 형성되는 것을 막았다.

길드에 새로 들어오는 구성원은 일정 기간 도제수련을 거치면서 장인을 위해 일했다. 그러다가 때가 되면 자기도 장인 자리에 오르는 것이다. 생산업과 상업, 운송업의 단위에서 실현되는 이런 협업의 존재는 노동자에게 자치권을 부여한 사회정신의 확실한 사례라고 볼 수 있다. 그와 같은 제도적 장치들이 번성하는 가운데 지주의 관리 아래 하인이 토지를 보유하는 것과는 차별화된 절대적·자주적 토지 소유권이 점차 증가하기 시작했다.

요컨대, 노동생산량의 일부에 대해서만 규칙적인 공납의 의무를 질 뿐 비교적 안정된 삶의 터전을 누린 농노, 조세의 성격이 강한 금전적 납부 외에는 독립적인 위상을 갖춘 자유 부동산 소유자, 잘 분할된 자본으로 생산업과 상업, 운송업에서 협업체제를 구가한 길드, 이 세 가지 노동 수행 형식은 모두 소유권의 원칙에 기반을 둔 사회를 만들어가고 있었던 셈이다. 한 국가에서 누리는 자유의 수준은 바로 그 소유권의 유무로 결정될 것이었다.

이상 변화 과정의 막바지 단계에 이르러 사람들의 눈에 비친 국가의 개념은 협업의 주체들이 같은 기술의 보유자 혹은 같은 마을의 거주자로 사람들을 묶음으로써 부의 안정된 분배체제를 보장하는 하나의 군집이었다. 이는 경제적 독립성을 상실하지 않게끔 소규모 소유권자를 보호함과 동시에 사회 전체로는 프롤레타리아트의 증가 방지를 보장하는 것이었다. 만약 매출이나 매입, 융자와 상속의 자유가 제한되는 일이 있다면, 그것은 어디까지나 공동체 다수의 착취를 초래할 수 있는 경제적 소수 독점의 증대를 막기 위함이었다. 자유의 제한이 곧 자유의 보존을 위해 기획되었다는 얘기다. 중세사회의 모든 움직임은 그 절정기로부터 시작해 파국에 접어드는 단계까지, 인간이 자본과 토지를 소유함으로써 경제적으로 자유를 구가하는 국가체제의 설립을 지향해왔다.

일부 지역에서 합법적으로 또는 드물지만 특별한 시기에 허용된 경우를 제외하면, 노예제도는 완전히 사라진 상태였다. 그렇다고 집산주의적 요소가 이를 완전히 대체했다고 생각할 수도 없었다. 공유지가 있지만 그것의 관리 또한 다른 사유지를 가진 사람들에 의해 유지되었다. 마을의 공동 재산이라는 것도 특별히 집단성을 신성시한 점유 형식이라기보다는 협업체제의 정상 가동을 보장하기 위한 매개 수단으로 활용되었다. 길드에도 공동 재산이 있었으나, 그것은 구성원들의 협동 생활이랄지 공동회관 운영, 구제 기금, 종교적 기부에 동원되는 재원이었다.

교역의 수단들은 집단적 통제를 요할 만큼 비용이 많이 드는 경우를 제하고는 길드 차원이 아닌 개인의 소유로 유지되었다.

이상이 기독교가 지배한 1000여 년의 세월 동안 유럽 사회 전역에 불어닥친 변혁의 흐름이었다. 노예제도는 사라졌고, 인간에게 지극히 정상적이고 인간 생활의 행복에 부응하는 자유 소유권 체제가 그 빈자리를 대신 차지했다. 당시에는 그에 걸맞은 명칭이 미처 주어지지 않았다. 오늘날 다소 어색하게 만들어낸 명칭이긴 하지만, 중세가 본능적으로 고안하고 실행에 옮긴 그 체제를 우리는 분배주의국가Distributive State라 부르고자 한다.

알다시피 그처럼 훌륭한 사회의 완성형 모델 또한 어느 시기부터 쇠퇴의 기로에 들어섰다. 특히 영국에서는 노골적으로 파괴되기까지 했다.

그리하여 자본과 토지를 소유한 가족 단위의 집단이 주류로 자리 잡은 사회, 소자본 자치단체에 의해 생산이 통제되는 사회, 프롤레타리아트의 사회적 불안과 가난이 아직은 수면 위로 부상하지 않은 사회의 대변자로서 새롭게 등장한 무언가가 있었으니, 바로 자본주의라는 이름 뒤에 숨은 무시무시한 도덕적 무정부 상태였다.

도대체 그와 같은 재앙이 어떻게 일어났던 것일까? 어떤 역사적 과정을 거쳐, 어떤 연유로 그런 악惡이 배를 채울 수 있었던가? 경제적으로 자유를 누리던 잉글랜드를 오늘날 우리 눈앞에 펼쳐진 이 처참한 몰골의 잉글랜드로, 다시 말해 최소한 사회구성원 3분의 1이 가난에 허덕이고, 대다수가 자본과 토지를 소유하고 있지 못하며, 극소수 독점 자본가의 전횡에 사회 전체의 삶의 질이 휘둘리는 이런 나라로 전락시킨 요인은 과연 무엇이었나?

이 근원적인 질문에 대한 답으로 가장 흔하게 주어지면서 그만큼 널리 받아들여지는 설명이 바로 '산업혁명'이라 불리는 일련의 과정과 논리다. 고가의 기계장치를 도입하고 산업을 집중화하면서 어쩔 수 없이 인간의 활동을 노예화하게 되었다는 얘기다.

하지만 이런 해명은 상당 부분 거짓이다. 그와 같은 물리적 요인으로 현재 인간이 겪고 있는 타락이 결정될 수는 없다.

문제는 인간의 고의적 행동 양식이다. 소수에게서 확인되는 사악한 의지와 다수 가운데 만연한 무관심, 그것이야말로 촉발 원인에서나 지독한 결과 면에서나 지극히 인간적인 재앙을 낳았다고 보아야 한다.

본질적으로 자본주의는 물질적 생산이나 산업의 성장을 의미하지 않는다. 약간의 역사적 지식과 그것을 솔직하게 가르치는 일만으로도 위의 사실을 입증하기에 부족함이 없을 것이다.

산업시스템이란 자본주의 성장 과정에서 생긴 결과물이지 그 원인이 될 수 없다. 산업시스템이 갖춰지기 전부터 이곳 잉글랜드에는 자본주의가 존재했다. 말하자면 석탄과 고가의 기계장치 사용, 대도시들에서 생산 설비의 집중화 등이 이뤄지기 전부터 말이다. 만약 산업혁명 이전에 자본주의가 존재하지 않았다면, 영국인에게 그 혁명은 해악 못잖게 이로움이 풍부한 모습으로 다가왔을 것이다. 하지만 대발견의 시대가 도래하기 훨씬 전부터 자본주의, 다시 말해 생명의 샘을 소수가 독점하는 체제가 존재했다. 자본주의는 새로운 발견과 발명의 결과물들을 단번에 휘감아 그 모든 것을 선에서 악으로 바꿔버렸다. 우리의 자유를 빼앗아간 것은 기계가 아니다. 자유의 정신을 상실한 우리 자신이다.

4장

분배주의국가는
어떻게
몰락했는가

중세가 마감하면서 서구 기독교와 잉글랜드에 속한 사회
는 경제적으로 비교적 자유로웠다.

재산 소유권이란 국가의 본원적 체제에 속하며 그 다수의
구성원에 의해 향유되었다. 협의에 따른 제도들과 자율적인 노
동 관련 규정들이 소유권자의 전횡을 제한했는데, 이는 오로지
체제의 보존을 기하면서 대규모 소유권에 의한 소규모 소유권
의 흡수를 방지하기 위함이었다.

여러 세기에 이르는 기독교의 발전 과정을 거친 끝에 우리
가 도달한 이 훌륭한 상태, 오랜 노예제도를 궁극적으로 근절
한 이 사회는 그러나 모든 곳에서 번영을 구가한 것이 아니다.
특히 잉글랜드에서 노예제도는 완전히 붕괴되었다. 재앙의 씨

앗은 16세기에 뿌려졌고, 눈에 띄게 그 결과가 두드러지기 시작한 것은 17세기였다. 18세기 내내 잉글랜드는 프롤레타리아트의 토대 위에 자신의 체제를 구축했다. 다시 말해 한편으로는 생산수단을 소유한 부자들과 다른 한편으로 그것을 소유하지 못한 다수로 구성된 사회로 자리잡아갔다는 뜻이다. 19세기로 접어들자 악襲의 공장들이 최고조로 번성했고, 한 세기가 저물기 전에 잉글랜드는 자본주의국가라는 이름에 걸맞은 체제를 갖춰, 전 세계에 자본주의의 대변자로 인식되었다. 생산수단이 소규모 시민에게 집중되고 대다수 사회구성원은 자본과 토지를 소유하지 못하는 구도가 고착된 것이다. 영국인들은 이제 정치적 자유는 누리되 경제적 자유는 갈수록 고갈되는, 유럽 역사상 그 어느 때 못잖은 열악한 상황에 처해 있는 것으로 보인다.

도대체 이와 같은 엄청난 재앙은 어떤 단계를 거쳐 우리에게 엄습한 것일까?

첫 단계는 16세기를 특징짓는 대규모 경제혁명에 대한 잘못된 대처였다. 수도원이 축적해온 재산과 토지가 몰수되면서 왕권에 귀속된 것이 아니라 공동체 내에서 이미 부를 누리던 집단에게로, 말하자면 이후 한 세기에 걸쳐 잉글랜드의 실질적 권력층을 이루게 될 집단에게로 귀속된 것이다. 자세한 사정은 다음과 같다.

16세기 초 잉글랜드는 이른 나이 왕위에 오른 헨리 8세 치하였다. 당시 잉글랜드라는 나라의 대다수 백성은 자신이 경작하는 토지와 거주하는 집, 일하는 설비들을 직접 소유했지만, 그 분배의 규모까지 평등한 것은 아니었다.

당시도 지금처럼 토지와 건물이 부의 토대를 이루었으나 그것들의 가치와 그 외 생산수단들의 가치 비중이 지금과는 전혀 달랐다. 하나의 생산수단으로서 토지와 건물이 차지하는 비중은 오늘의 그것보다 훨씬 막중했다. 예컨대, 현재(20세기 초) 이 나라에서 토지와 건물이 표방하는 생산수단적 가치는 전체의 절반에 못 미친다. 부의 생산 과정에서 여전히 중요한 토대를 이루고 있긴 하나, 기계장치라든가 석탄, 기름 등 각종 연료, 선박 같은 운송수단들의 가치가 단순한 토지와 건물 이상의 비중을 차지하는 것이 현실이다. 반면, 16세기에는 토지와 그 위에 세워진 건축물들의 가치가 다른 모든 부의 형태를 능가했다.

서유럽의 다른 나라보다 특히 잉글랜드에서 중세 말 토지와 건물의 형태를 취하는 부의 가치는 부유한 토지 소유계층의 전유물이었다. 이와 관련해 정확한 통계수치를 제시하기는 불가능하다. 그런 자료 자체가 취합되어 있지 못하기 때문이다. 우리는 단지 조사와 추정에 근거해서 일반적인 언급만 할 수 있을 뿐이다. 대략적으로 말하자면, 당시 토지와 건물 총 가치에서 거의 3분의 1에 근접하는 비중이 이른바 부유층이라 할 만한 계층에 집중되어 있었다.

그 시대 잉글랜드는 농경이 주된 삶의 형태였으며, 400만은 넘지만 600만에는 미치지 못하는 인구수를 보유하고 있었다. 각 농경공동체에는 법적으로는 영주Lord, 일상어로는 지주squire라 불리는 정치적 우두머리가 있어 다른 어느 나라의 경우보다 더 많은 영지를 소유했다. 평균적으로 따졌을 때 이들 영주의 토지 소유 지분은 마을당 전체 토지의 3분의 1에 육박했다. 도시에서는 분배가 보다 공평하게 이뤄진 편이다. 때로는 한 개인, 때로는 하나의 공동체일 수도 있겠으나, 모든 마을에는 정치적 우두머리가 절대적 소유권을 행사하는 광범한 영지가 있었다. 나머지 토지는 일반 서민계층의 재산으로 분류되긴 하나, 영주에게 일정 수준을 지불해야 할 빚의 형태를 유지했다. 그뿐 아니라 영주는 지역의 사법권을 행사하는 존재이기도 했다. 이들 부유한 지주계층은 100년 가까이 사법 기능을 독점했고, 그에 기준해 지역의 행정 기능이 돌아갔다.

이런 사정이 점진적으로 소작농의 부상과 영주의 몰락을 초래하지 못할 이유는 없었다. 프랑스에서 일어난 일이 바로 그것인데, 이곳 잉글랜드에서도 아주 완벽한 형태로 성사되었을

지 모르는 일이었다. 수익 욕구가 강한 소작농의 경우 영지 소득을 통해 자기 소유분을 점진적으로 불리고자 했을 수 있고, 이미 상당 부분 완비된 소유권 분배제도를 넘어 좀더 동등한 사유재산 추구라는 훌륭한 요인이 개입될 수도 있었다. 그러나 약자가 강자를 상대로 그처럼 점진적인 구매 과정을 밟는 일이 유럽인의 일반 정서에 당연한 듯 보임에도 불구하고, 유독 이 나라에서는 사상 초유의 과격하고 인위적인 격변 속에서 좌초되고 만 것이다. 그것은 왕권에 의해 수도원의 토지가 몰수되는 과정에서 일어난 격변이었다.

이 과정의 속성을 명확하게 파악하는 일은 매우 중요하다. 잉글랜드의 향후 경제 전체가 그로부터 기인한 것이기 때문이다.

영지와 그걸 관리하는 지방 행정력의 4분의 1 이상이 교회의 영향권 안에 있었다. 따라서 교회는 잉글랜드 농업공동체의 25퍼센트에서 30퍼센트 그리고 비슷한 규모의 잉글랜드 전역 농업 생산물 관리감독자들에게 거의 주인처럼 군림했다. 나아가 교회는 마을 영지의 30퍼센트에 해당하는 규모의 실소유주이자, 민초가 영주에게 바치는 관세의 30퍼센트에 대한 실수령자였다. 이와 같은 경제적 권한이 1535년까지 교회 참사원과 각종 수도원 및 수녀원, 성직자가 운영하는 여러 교육기관 등에 귀속되어 있었다.

헨리 8세가 수도원 영지들을 몰수했다고 해서 그것이 가졌던 방대한 경제적 영향력이 일거에 소멸한 것은 아니었다. 세속 사제는 여전히 봉급을 받고 있었고 교육기관 대부분은 비록 약탈당하긴 했으나 얼마간 수입을 유지했다. 그렇더라도 30퍼센트 정도에 불과한 이런 경우를 제외한 나머지는, 유럽대륙의 다른 어떤 경제구조도 경험한 적 없는 급격하고 광범한 개혁 과정을 거친 것으로 보아야 한다.

우선 방대한 생산수단을 왕권에 귀속시키려는 의도가 작용했다. 잉글랜드의 부와 경제, 과거와 현재에 관심을 갖고 공부하는 학생이라면 누구나 이 사실에 주목해야 한다. 만약 그런 의도가 강고하게 유지되었다면, 영국이라는 국가체제는 그당시 이미 유럽 최강의 지위에 올랐을 것이다.

행정관(당시에는 왕)은 부유층의 저항을 무너뜨리면서, 경제력으로 정치력을 뒷받침할 보다 많은 기회를 획득했을 것이고, 다른 기독교 국가의 행정관보다 더 강력한 지배력을 보장받을 수 있었을 것이다.

헨리 8세와 그의 계승자들이 수도원에서 몰수한 토지들을 제대로 관리하고만 있었어도 저 경이로운 프랑스 왕정의 절대권력은 영국의 그것에 훨씬 못 미쳤을 것이다.

잉글랜드 왕은 아마 그 이상 절대적일 수 없는 통치기구를 장악할 수 있었을 터다. 강력한 중앙집권 정부처럼 통치기구를 활용해 부유층의 위세를 다잡았을 것이고 민중은 그로 인해 간접적인 이득을 누렸을 것이다. 어찌 됐든 지금 이 나라는 우리가 아는 잉글랜드와는 아주 많이 다른 잉글랜드가 되어 있었을 것이다. 수도원들이 와해된 다음 왕이 자기 몫을 단단히 틀어쥐었더라면 말이다.

이상 언급한 대대적 개혁 과정에서 자본주의적 요소가 나타난 지점이 바로 그곳이다. 왕은 자기 손으로 몰수한 토지를 계속 보유하는 데 실패했다. 전체 농경소득의 4분의 1에서 3분의 1을 가져간 기존 토지 소유 계층은 왕권으로 다스리기에 너무 강력한 힘을 가지고 있었다. 그들은 무상으로 또는 터무니없이 싼값으로 토지 점유를 밀어붙였으며, 의회나 지방 행정 권력에 영향력을 행사해 그런 자신들의 요구를 관철시켰다. 왕권이 한번 손에서 놓은 것은 다시 그 수중에 들어가지 않았고, 수도원에 소속되었던 영지는 시간이 지날수록 대규모 토지 소유자들의 차지가 되어갔다.

이런 사태는 과연 어떤 결과를 불러왔을까. 잉글랜드 전역에 걸쳐 마을의 토지와 농기구, 헛간의 3분의 1을 점유함으로써 사실상 절대적 부유층이 되어버린 사람들이 불과 몇 년 사이에 보다 광범한 생산수단을 독점하게 되었다. 토지 소유 규모는 잉글랜드 전체 토지의 절반 이상에 이르렀고, 수많은 지역에서 무소불위의 권력자이자 경제공동체의 수장 역할을 도맡았다. 그들은 최대한 이득을 보며 땅을 매입했고, 옛날에 토지를 소유한 성직자가 소작농에게 관례적으로 풍성한 이윤을 허용한 것에 비해 대단히 야박하게 세수를 거두었다. 그들은 대학과 법조계를 장악하기 시작했다. 사회적 강자와 약자 사이에서 왕의 결정권이 차지하는 비중은 갈수록 줄었고, 그와 더불어 강자의 결정 권한은 점점 더 편향적으로 기울었다. 그런 과정 속에서 그들은 생산수단 대부분을 신속하게 점유해나갔고, 독립적인 소지주들을 빠르게 먹어치워 몇 세대 지나지 않아 마을 자체의 규모에 버금가는 거대 사유지를 형성했다. 우리는 바로 그 대변혁의 시점에 지어져 오늘에 이르는 지주들의 저택을 잉글랜드 전역에 걸쳐 얼마든지 구경할 수 있다. 장원에 딸린 성채라든가 지방 유지의 대저택들이 여기저기 건재해 그 당시 급격했던 변화들을 증언한다.

헨리 8세가 사망하기 전까지 그와 같은 진행이 대세를 이루었다. 잉글랜드로서는 불행하게도 헨리 왕 사후 왕권 계승자가 병약한 소년이었고, 1547년부터 1553년까지 이 소년이 통치한 6년의 기간 동안 엄청난 사회적 약탈이 벌어졌다. 그러다

‖ 노예국가

가 그가 죽고 매리가 왕좌에 오르고서야 그 과정이 거의 완료되었다. 과거 잉글랜드의 어떤 가문과도 비교할 수 없이 부유한 신생 가문들이 대거 등장했고, 이들은 사회적 약탈에 동참하는 구체제의 가문들과 공동 이해관계로 맺어졌다. 의회에 입성한 사람들은 너나 할 것 없이 수도원 해체의 의결에 참여한 대가를 요구하고 또한 받아냈다. 당시 활동한 의원들의 명단이 이를 입증하고 있으며, 그들은 의회 권력 말고도 자신들의 의지를 관철할 수많은 방법을 가지고 있었다. 하워드 가문, 캐번디시 가문, 세실 가문, 러셀 가문 등 50여 개에 달하는 신생 가문들이 종교가 무너져내린 폐허를 딛고 부흥했으며, 그런 과정은 근 100여 년을 내리 이어져 잉글랜드 전체의 얼굴을 바꿔놓았다.

어떤 신하와도 비교할 수 없는 재력을 마음껏 휘두르던 강력한 왕 대신, 자기와 맘먹는 재력을 갖춘 신하에게 휘둘리며 돈 걱정을 해야 하는 임금이 세상을 다스리게 된 것이다.

요컨대, 17세기 초, 곧 1630년에서 1640년경 잉글랜드의 경제개혁은 이미 완수된 것으로 보아야 한다. 이제 잉글랜드의 낡은 전통을 딛고 일어서는 새로운 경제 현실은, 힘을 잃어가는 왕정체제를 압도할 대규모 자산가들의 강력한 과두체제로서 그 위용을 드러냈다.

이런 서글픈 결과를 낳은 또다른 요인들도 물론 있었다. 예컨대, 화폐 가치가 급변한 상황도 왕권에는 심각한 타격이 되었다(화폐의 구매력이 이 기간 동안 기존 가치의 3분의 1 수준으로 하락했다. 가령 헨리 8세 치하에서 1파운드로 살 수 있는 생필품이 찰스 1세 치하에서는 3파운드에 거래되었다 – 옮긴이). 튜더왕가의 기이한 내력, 그들의 과도한 육욕과 부족한 결단력, 일관성 없는 정책, 찰스 1세 본인의 성격, 그밖에도 몇 가지 부수적 요인들이 거론될 수 있을 것이다. 하지만 무엇보다 심대한 영향을 미친 것은 적어도 나라 전체 재산의 5분의 1에 달하는 수도원 소속 토지가 대규모 지주들 수중에 들어갔다는 사실이다. 결국 토지 소유권의 이전은 소작농의 처지를 나락으로 떨어지게 만들면서 지주들의 권력을 과잉 확대하는 결과를 낳았다.

축소되고 가난해진 왕권은 더이상 버텨낼 수 없었다. 이제는 신흥 부유층과 싸워야 했다. 곧 찰스 1세와 의회 사이의 분쟁이 시작되었다. 거기서 왕권은 쓰라린 패배를 맛보았다. 그리고 1660년 최종 승부가 결정되자, 권력은 소수의 부유층 수중으로 넘어갔고 왕은 온갖 전통적·형식적 권위의 치장을 둘렀으나 실제로는 봉급을 받는 꼭두각시 신세로 전락했다. 그처럼 정치적 외관의 근저에 깔린 경제 논리는 생산수단 대부분을 틀어쥔 몇 안 되는 부자 가문에 의해 지탱되었다.

그런 상황이 이끌어낼 일들을 논하기에 앞서 그 출발점으로 1700년이라는 시점을 선택하자. 그즈음 반 이상의 영국인은 자본과 토지에서 완전히 소외되어 있었다. 말하자면 두 명 중 한 명은 남의 집에 거주했고, 자기 소유가 아닌 토지를 일구며 살았다.

물론 오늘날의 시각으로 보면 그런 비율 자체가 매우 자연스럽게 느껴질 수도 있고, 특히 나머지 반에 가까운 인구가 생산수단을 소유한다고 볼 때 지금보다 오히려 바람직한 상황으로 다가올 수도 있을 것이다. 하지만 여기서 중요한 포인트는 1700년대에 이미 잉글랜드는 자본주의국가가 되어 있었다는 사실이다. 곧 국민의 상당한 비중이 이미 무산계급으로 내몰린 상태였으며, 오늘날 우리가 처한 끔찍한 사회적 처지가 이른바 '산업혁명'이라 불리는 사건이 아닌 그보다 훨씬 오래전 상황에서 비롯되었다는 얘기다.

잉글랜드는 이미 광범게 퍼진 무산계급의 불만을 고스란히 짊어진 채 생산수단을 독점한 자본가 계층의 지배를 받기 시작하면서 서서히 산업혁명의 조건들을 갖추어나간다.

만약 그와 같은 산업 발전의 흐름이 경제적으로 자유로운 사람들 속을 파고들었다면 산업혁명은 보다 협동적인 형태를 취했을 것이다. 그러나 이미 경제적 자유를 대부분 상실한 사람들에게 그것은 역사에 드러났듯이 지독한 자본주의적 형태로

075

엄습했고, 200여 년에 걸쳐 심화, 완성되었다.

산업체계가 처음 발흥한 곳도 잉글랜드요, 그 전통과 관습이 구체화된 곳도 잉글랜드다. 산업시스템의 모체인 잉글랜드가 이미 자본주의화된 나라였기에 오늘날 세계 어디서든 가동 중인 산업주의가 자본주의 모델을 구현하는 것은 너무도 당연하다.

역사상 처음으로 뉴커먼Newcomen식 증기기관이 작동한 것은 1705년이다. 와트의 냉각기 도입을 통해서 이 발명품이 대규모 생산 도구로 전환되기까지는 60여 년이라는 시간이 더 흘러야 했다. 산업시스템의 모든 기초는 바로 그 기간에 고안되고 구축된 것이다. 하그리브스의 제니방적기가 처음 선보인 것도 와트의 발명품이 특허를 받아 실용화되기 전이었다. 그보다 30년 전에는 콜브룩데일의 에이브러햄 다비 가문이 거의 1세기를 넘나드는 실험 끝에 코크스를 사용해 성공적으로 철광석을 녹여냈다. 그보다 20년이 채 지나지 않아 존 케이가 플라잉셔틀을 도입했는데, 그것은 베틀을 활용한 방적기술의 대단한 혁신이었다. 이처럼 한 사람의 일생과도 같은 기간 안에 진행된 산업발전의 과정을 통해 산업시스템이 폭발적으로 확장되었고, 잉글랜드 전역에 걸친 대변혁이 이뤄진다. 다시 말해서, 앤 여왕의 마지막 몇 년을 기억할 수 있을 만한 한 어린이가 어른으로 성장해 프랑스대혁명이 발발하기 직전까지 살았다면, 그는 영국 사회의 얼굴을 근본적으로 바꿔버린, 그리고 오늘 우리가 보는 위기로까지 그것을 끌고 온 도도한 변화의 흐름을 바로 눈앞에서 목도한 셈이다.

반세기 조금 넘은 그 기간의 두드러진 특징이란 과연 무엇이었을까? 당시 새로운 발명의 어떤 점들이 오늘날 이 사회에서 여러 문제점을 몰고 온 산업화의 그늘을 만들었을까? 생산력과 인구, 부의 축적에서 놀랄 만한 성장을 이룬 요인들이 어떻게 대다수 사회구성원을 가난에 허덕이게 만들고 이른바 자본주의 국가의 병폐라 불리는 불균형과 인간 소외를 낳았을까?

그와 같은 질문들에 대한 보편적이면서 아둔한 수준의 답은 이미 우리에게 주어진 상태다. 솔직히 그 답은 아둔할 뿐 아니라 거짓이기도 하다. 지금부터 그것이 어떻게 거짓인지를 밝히는 것이 이 책에 주어진 숙제 중 하나일 것이다. 수많은 교과서에서 쉽게 결론내리고, 거의 모든 대학에서 당연한 것으로 받아들여진 답은 새로운 기계장치와 설비들이 소수의 사회구성들에게 생산수단의 태반을 넘겨주고 나머지 대다수를 무산자계급으로 몰아넣어, 결국 자본주의국가의 왜곡된 구조를 발전시켰다는 주장을 골자로 한다. 그러한 주장에 따르면, 새로운 생산수단은 규모도 클 뿐 아니라 고가인 경우가 대부분이라 경제력이 빈약한 일반인은 쉽게 수중에 넣거나 다룰 수 없는 반면, 그걸 수중에 넣을 만큼 부유한 사람은 무한 경쟁을 통해 모든 걸 독식했다. 그러는 가운데 가난한 사람은 낡고 값싼 생산도구로 힘겹게 경쟁을 시도해보지만, 그나마 가진 보잘것없는 재산마저 다 소모하고 부자 밑에서 연명하는 임금노동자의 처지로 전락하기 일쑤였다는 것이다. 생산수단의 고급화와 더불어 그 집중화 또한 부유층에 이로운 요인으로 작용했다. 새로운 생산설비는 갈수록 고급화되었을 뿐 아니라, 특히 증기기관의 실용화 이후, 설치 장소와 통제체제가 집중화됨에 따라 효율성이 증가했다는 논리다. 이러한 논리와 주장 때문에 그동안 우리는 산업시스템에 대한 거부감을 그저 기계적이고 물질적인 동력의 불가피한 산물처럼 인식하게 되었다. 곧 증기기관이나 기계식 직기power loom, 용광로 등이 설치된 곳이면 어디에서나 그런 현상이 수반되는 것으로 말이다. 요컨대, 소수의 유산자가 출현해 다수의 무산자들을 착취하는 것은 시간문제라는 결론이다. 이처럼 역사성이 결여된 주장과 논리가 그토록 보편적인 설득력을 누려왔다니 그저 놀라울 따름이다. 과연 영국 역사의 중요 쟁점들이 그간 올바르게 교육되어왔고, 국가의 과거사에 관한 결정적 사실관계가 제대로 자리 잡혀왔다면, 이상의 엉터리 논리와 주장들이 지금처럼 단단히 뿌리내리진 못했을

‖ 노예국가

것이다. 단언컨대, 무산자계층의 증가와 소수 유산자에게 집중된 부, 후자에 의한 전자 공동체의 착취는 새로운 생산수단의 발명 및 발전과 아무런 필연적 관계가 없다. 반면 산업시스템의 온상인 잉글랜드라는 나라에서 기계문명의 대발견이 시작되기 훨씬 전부터 일찌감치 부유층의 과두체제가 구축되어 있었다는 사실은 역사의 흐름을 간접적이지만 눈에 띄게 지배하는 악惡의 작용력을 충분히 짐작케 해준다.

산업시스템이 자본주의 노선을 따라 어떻게 발전되어왔는지 살펴보면 문제는 더욱 명료해진다. 소수의 부자들이 그토록 손쉽게 새로운 생산수단을 수중에 넣을 수 있었던 이유는 무엇일까? 그 생산수단을 직접 가동해서 새로운 부를 창출하는 일은 반드시 무산자들의 몫이어야 자연스럽다는 사회적 시각은 도대체 어디로부터 온 것일까? 답은, 무엇보다 토지와 그로 인한 부의 축적 기회를 소수가 독점해버린 잉글랜드의 역사적 특수성에서 찾아야 할 것이다.

새로운 산업이 가동되면, 그것은 반드시 자본화의 절차를 거칠 수밖에 없었다. 다시 말해 어떤 출처에 의해서든 일단 일정 수준의 부가 축적되고 나서야 그것으로 노동을 지탱해 생산 과정을 완료할 수 있었다는 얘기다. 원자재 추출부터 완제품 소비까지 걸리는 시간 동안 그 원자재를 가공해 완성품에 이르도록 하는 인적 요인을 지탱해줄 의식주를 누군가 확보해주어야 한다는 논리다. 관습과 자율성에 의해 보장받는 길드의 협업체제가 재화를 잘 보호하고 분배해왔듯이, 새로운 생산체제에 필요한 자본화 과정을 이행함으로써 자산가들은 분배의 균형을 방해하지 않고 공동체의 총체적인 재화를 늘려나갔어야 했다. 새로운 생산체제의 발전을 위한 자본화 과정과 자산가 그룹이 임금에 목을 맨 대규모 무산자를 고용해 일을 시키는 개념 사이에는 납득할 만한 어떤 논리적·필연적 연결고리가 있는 것이 아니다. 13세기를 수놓은 것과 맘먹는 거대한 발견과 변혁은 당연히 인류에게 축복과 부유함을 가져왔어야 마땅하다. 그러나 18세기를 휩쓴 도덕적 와해 상황은 결국 저주의 얼굴이 되어 우리 앞에 나타난다.

새로운 산업의 자본화는 누구를 위한 과정이었나? 소규모 자산가는 이미 그 대다수가 사라져버린 상태다. 그들을 지원하고 그들의 소유권을 확보해주던 상호책임관계와 협업체제는 '경제적인 발전' 때문이 아니라 부자들의 의도적 행위로 산산조각 난 것이다. 새로운 산업을 추진하기 위한 필수 요소로서 곡식과 의복, 가옥, 연료의 축적을 도모하고자 한다면, 이미 생산수단 대부분을 독점한 계층에게 손을 벌려야만 했다. 이른바 부자들만이 그런 조건들을 제공해줄 수 있었다.

일단 그런 조건들이 구비되고 자본화된 투자가 진행되자, 가장 손쉽게 얻을 수 있고 그만큼 착취 가능하며 우매하고 궁핍해 어떤 조건 아래서든 연명만 하게 해주면 얼마든지 노동력을 내놓을 인적 에너지가 기다리고 있었으니, 그것은 다름 아닌 무산자계층이었다. 종교개혁 이후 국가의 부를 궁지로 몰아넣어 잉글랜드 민중에게서 토지와 가옥을 빼앗은 금권정치가 낳은 부산물 말이다.

부유층은 사적 이득을 위해 일련의 새로운 생산 과정을 채택하면서, 그 탐욕으로 이미 활성화된 경쟁노선을 가동시켰다. 협업의 전통은 이제 사망 상태. 제일 값싼 노동력은 어디서 구할 것인가? 그나마 잔존하는 소규모 자산가보다는 절박한 사정에 빠진 무산자계층이 분명 적합하리라. 새로운 부의 영향력 아래 과연 어떤 계층이 늘어날 것인가? 그 역시 당연히 후대에 물려줄 것 없고 아무 책임도 지지 않을 무산자계층이 적당하다. 그들은 자본가의 소득을 늘려줌으로써 그 늘어나는 힘으로 소규모 자산가의 독립성을 독점하게끔 해줄 것이고, 그 역시 또다른 공물 공여자로 탈바꿈시켜 무산자 집단을 늘리는 데 써먹을 것이다.

이런 논리에 따라 이른바 산업혁명이라 부르는 움직임은 처음부터 자신이 번영을 가져다준 사회의 불행을 일관되게 조장해왔던 것이다. 기존 부자들은 산업구조의 변화를 가능케 한 축적된 재화의 독점자가 되어 그와 관련한 모든 생산설비와 생존 수단의 축적된 증가분을 대대로 물려받고 물려주었다. 자본가와 무산자의 고착된 구조를 바탕으로 시작된 공장시스템은 그 초기 형태를 결정한 주형鑄型 속에서 성장했다. 발전이 거듭될 때마다 자본가는 자기 배를 불려줄 무산자만 찾아 나섰다. 그와 같은 사회를 둘러싼 상황이란, 일부 사회구성원의 이익을 보장하는 법률과 거래 상대를 묶는 규약들, '주인'과 '하인'의 관계 정립을 위한 원칙들이 오로지 종속된 임금생활자 계층을 무한 확장해, 그 모두를 소규모 독점자본가 집단의 통제 아래 두려는 쪽으로 진화해온 것이다.

경제적 과두체제는 비단 산업에서만이 아니라 사회 전반에 걸쳐 그 영향력을 확산시켰다. 대지주는 의도적으로 자신들의 이익을 위해 공유지에 대한 공유권을 파괴했다. 지주그룹을 조직화한 소규모 금권정치와 그들을 확산시킨 중상적中商的 요소들은 다른 모든 것의 종말을 재촉했다. 소수의 탐욕으로부터 공동체를 보호해야 할 강력한 중앙정부의 존재는 이미 오래전에 자취를 감추었다. 기고만장해진 자본주의는 모든 입법 메커니즘과 정보력을 자기 뜻대로 휘둘렀다. 그러는 가운데 소수만이 소유하되 절대다수는 그 밑에서 품삯으로 연명하는 것을 정당화하는 산업시스템이 갈수록 노골화되고 그에 대한 사회개혁의 움직임은 무더졌다. 이제 대중이 희망할 것은 독자적인 소유권 확보와 자유가 아닌 소수 지배 권력의 통제와 단속을 통한 점진적인 생활 개선이다.

문제의 핵심을 파악하고 분석한 입장에서 우리는, 400여 년 전인 그 기원에서부터 토지 독점을 통해 서서히 진화해온 자본주의 사회의 폐단이 이미 한계에 도달했음을 직감할 뿐 아니라 '알고' 있다. 적어도 지난 3세대에 걸쳐 익히 눈여겨봐온 형태 그대로 그 폐단이 진행되어서는 안 된다는 점은 거의 자명하다. 아울러 그로 인해 점점 위험수위에 육박해가는 우리 삶의 불안정성에 대한 구체적 해결 방안이 절실하다는 것 또한 명백하다. 지금까지 그와 관련해 제기되어온 다양한 해결책들이 있으나, 일단 다음 장에서는 자본주의 산업시스템이 왜 그처럼 불안정한 상태로 치달았는지, 어째서 사회적 희생이 따라야만 할 만큼 수술이 불가피한 문제들을 초래했는지 살펴보는 것이 순서일 것이다.

5장

자본주의체제는
성장과 비례해
불안정해진다

앞에서 내가 일종의 역사적 퇴행 현상을 예시를 통해 보였다면, 이제는 다시 나의 논지 자체로 돌아와 그 논리적 궤적을 차근차근 풀어보겠다.

자본주의체제에는 근본적인 불안정성이 내재한다. 보다 정확히 말하면, 자본주의체제는 두 가지 영구적이고 안정적인 사회체제 사이에 놓인 과도기적 체제라 할 수 있다.

왜 그런가를 들여다보기 전에 먼저 자본주의체제에 대한 정의를 다시 되짚어보자.

생산수단의 소유권이 특정 사회구성원의 몫으로 한정됨과 동시에 그 구성원의 범위가 사회 전반을 대표할 만큼 광범하지 못할 때, 곧 나머지 구성원은 생산수단을 전혀 소유하지 못한 무산자계층에 머물 때 우리는 그 사회를 자본주의 체제라고 부른다.

그런 상황의 몇 가지 요점들을 더 자세히 들여다보자. 여기 당신에게 사적인 소유권이 쥐어져 있다. 그런데 그것이 다수에게도 동등하게 분배되어 일종의 관습으로서 사회 전반에 걸친 공감대를 얻지 못하는 소유권이라고 치자. 또다른 가정을 마저 해보자. 여기 그런 소유권과는 거리가 멀지만 엄연한 시민인 절대다수가 있다. 그들은 정치적으로는 자유시민의 자격을 갖추고 있으나 경제적으로는 아무런 권한이 없다. 그리고 다시, 아직은 우리의 가정에 입각한 추정에 불과하지만, 자본주의 체제 아래에서는 다수에 대한 의식적이고 노골적인, 기획된 착취가 존재할 것이라는 필연적 추정을 해보자. 왜냐하면 재화는 어떻게든 창출되어야만 하기 때문이다. 공동체 전체는 반드시 생존해야 하기 때문이다. 그리고 못 가진 자들과 그런 조건을 만들 수 있는 건 가진 자들이다. 마치 못 가진 자들이 창출한 재화의 일부가 가진 자의 몫으로 돌아가는 것이 마땅한 것처럼 말이다.

그와 같은 방식으로 축조된 사회는 오래 지탱할 수 없다.

‖ 노예국가

그런 사회는 두 가지 극심한 긴장 상태에서 벗어날 수 없기 때문이다. 사회가 갈수록 자본주의화되어감에 따라 심해지는 긴장이다. 첫째 긴장은 체제의 근거인 윤리적 원칙과 그 윤리적 원칙이 통제하고자 하는 사회적 실상 사이의 괴리에서 온다. 둘째 긴장은 자본주의체제 아래서 사회 다수 구성원이 처할 수밖에 없는 불안정 상태, 주로 사회의 무산계층으로 이루어진 절대 다수가 시달리는 불안과 공포로부터 나온다.

이 두 긴장 중 어느 것이 더 중한가를 말하기는 어렵다. 둘 중 어떤 긴장도 오래 지속될 경우 사회질서를 무너뜨리기에 충분하다. 두 긴장이 서로 합쳐질 경우 사회의 몰락은 시간문제다. 따라서 자본주의 사회가 무언가 다른, 좀더 안정된 형태로 변화해야 한다는 점에는 더이상 의문의 여지가 없다. 이제부터 본격적으로 논할 주제가 바로 그 '보다 안정된 사회 형태'다.

우리는 자본주의가 공고해질수록 사회의 윤리적 긴장이 심해진다고 주장했다. 그 윤리적 긴장은 자본주의적 체제의 실상과 그 자본주의가 터 잡은 사회의 법과 전통을 떠받치는 윤리적 원칙 사이의 모순에서 온다.

법률이 집행되고 관습이 통용되는 근간인 윤리적 원칙은 자유로운 시민을 구성원으로 하는 사회체제를 전제한다. 법률은 사회구성원 모두가 존중하는 소유권의 개념을 정상적 체제의 중요한 요소로서 수호한다. 한 자유시민이 다른 자유시민의 동의 없이 그에 속한 소유권을 사악한 의도로 탈취했을 경우, 법은 하나의 비정상적 사태로서 절도 행위를 처벌한다. 한 자유시민이 다른 자유시민으로 하여금 거짓 정보에 의거해 자기 소유권을 포기하도록 종용했을 경우, 법은 또 하나의 비정상적 사태로서 사기 행위를 처벌한다. 법은 또한 두 계약 당사자의 자유의지에 입각한 계약의 이행을 강제한다. 법은 아무개에게 소유권을 유증할 소유자의 권리를 보장하기도 한다. 그리고 법은 한 자유시민이 다른 자유시민에게 어떤 이유로든 손실을 초래했을 경우 그에 대한 배상의 책임을 부과한다. 이러한 법의 강제 기능들은 그 법을 떠받치는 사회의 윤리적 원칙이 사회구성원 전체의 암묵적·명시적 동의를 확보한다는 전제 아래 가능한 것이다.

사회적 삶은 윤리적 원칙과 더불어 법정에서 정의하는 합법적 처벌의 당위성에 근거해 유지될 수 있다. 그리고 사회구성원의 물질적 행복과 안정은 타인들 가운데서 그들 각자의 삶의 독립성을 보장해주는 소유권에 근거해 유지되는 것이다.

그런데 자본주의가 근거로 하는 윤리적 원칙은, 예컨대, 20세기 초 영국이 보여주는 것처럼 자본주의체제의 사회적 현실에 비추어 그 전제를 심각히 위반하고 있다.

소유권이라는 개념은 대다수 시민들 입장에서 거의 본능에 가까운 의미를 갖는다. 그럼에도 열 명 중 아홉 명에게 소유와 관련한 경험과 현실은 열악하기 그지없다. 생산 과정에서의 경쟁과 관련한 숱한 기만책과 고삐 풀린 탐욕적 행태들은 얼마든지 처벌의 법망을 빠져나갈 수 있다. 반면 사소한 형태의 폭력과 절도, 사기 행위는 그 자체로만 문제시되는 게 아니다. 현재 우리의 법 체제는 언제부터인가 소유에서 멀어진 시민의 결핍과 요구, 분노에 대해 소수의 가진 자들을 보호하는 장치에서 별로 나을 것 없는 무언가로 전락해버렸다. 이른바 '자유계약'이라 불리는 것의 상당 부분이 약육강식의 족쇄가 된 지 오래다. 곧 계약의 한쪽은 언제든 내키는 대로 취하거나 놓아버릴 수 있지만, 그 상대는 생존이 달린 문제이기에 결코 자유로울 수 없는 계약이기 때문이다.

법이 보장하는 안전보다 중요하고, 국가가 가동하는 그 어떤 제도적 장치보다 중요하게 다뤄야 할 사안이 바로 모두의 생계가 가진 자의 의지에 귀속되는 상황이다. 가진 자는 못 가진 자의 생계를 언제든 허용하거나 불허할 수 있다. 우리 사회에서 진정한 처벌과 제재는 법정에서 결정해 강제하는 법적 처벌이 아니라 가진 자가 못 가진 자에게 행사하는 생계의 제약이다. 현대사회의 구성원 대다수는 형벌보다 해고를 더 두려워하며 살아간다. 현재 영국인들의 진정한 주인은 왕도 관리도 아닌 자본가다.

모두가 그런 상황을 기정사실로 받아들이고 있다. 그걸 부정하는 사람은 누구든 양식과 판단력을 의심받기 일쑤다.

인류 역사에 자본주의적 요소가 오랜 시간 성장해왔음에도 그 폐해에 대해서는 비교적 최근 들어 눈뜨게 된 것은, 국가로서의 자본주의체제가 그만큼 뒤늦게 본모습을 갖추었기 때문으로 설명할 수 있다. 20세기 초 영국의 상황만 해도 아직은 절반이 다양한 생산수단을 앞세운 인적 구성원 간의 경쟁체제보다는 농업이나 가내수공업에 의존하며 생활하고 있었다.

법이나 윤리가 표방하는 가치와 실제 우리의 사회가 보여주는 광경의 괴리, 그로 인한 긴장은 현 체제를 불안정한 무엇으로 여기게 만든다.

그리고 현대사회에서 불안정한 체제만큼 정신적 긴장과 갈등을 유발하는 요인도 드물다. 사회적 현실이 그것을 떠받쳐야 마땅한 윤리적 바탕에서 이탈할 때 그 사회구성원 개개인이 경험하는 정신적 갈등과 병리증상은 다른 어떤 경우보다 심각할 수 있기 때문이다.

자본주의에서 우리가 주목하는 또다른 스트레스, 곧 정신적 불안정을 낳는 둘째 요인은 자본주의 자체가 사회적 안전을 저해한다는 사실이다.

이 문제를 파악하는 데 도움을 줄 만한 경험은 우리에게 차고 넘치지만, 명징한 추론만으로도 우리는 자본주의의 본질이 인간의 삶에서 안전성을 해치는 요인으로 작용한다는 사실에 충분히 도달한다.

다음 두 요소를 조합해보라. 첫째, 생산수단에 대한 소수의 독점권. 둘째, 가진 자와 못 가진 자의 동등한 정치적 자유. 그 둘의 조합으로부터 곧바로 도출되는 결론은 다음과 같다. 못 가진 자의 노동이란 온전한 생산활동이 아닌 자본가의 잉여 이익을 위한 생산활동 차원에서 가치 창출을 하게 된다는 사실. 그런 노동력은 노동자가 일하지 못하는 상황에서는 아무것도 창출하지 못한다. 예컨대, 젊었을 때보다는 중년에서, 중년보다는 노년에 이르러 생산력은 떨어지고, 병환으로 몸져눕거나 정신적으로 매몰되어 있는 상황에서 그 효력은 현저히 감소한다.

자산을 축적할 수 있는 (노동의 정상적 결과) 위치, 충분하고 안정된 형태의 소유권을 갖춘 사람은 적어도 그렇지 못한 사람보다 덜 생산적이기 마련이다. 그럼에도 임금 못잖은 이자 수익이나 연금 수령이 그의 생활을 균형 있고 안정감 있게 유지해준다. 지속적인 잉여가치가 그의 수중에 떨어지며, 그것은 그가 일할 수 없는 상황을 무사히 넘길 수 있게끔 생존의 플라이휠 역할을 훌륭하게 수행한다. 하지만 프롤레타리안의 사정은 전혀 그렇지 못하다. 인간이란 존재를 바라보는 자본의 시각은 우리 모두가 관련된 그런 정상적 인간관에서 어긋나 있다. 인간은 자신의 안전과 기회, 존재 자체를 출생에서 죽음에 이르는 개인의 생존선상에서 고려하고 판단하는 법이다. 그렇기에 인간의 노동을(존재 자체가 아닌) 구매하는 자본은 개인적 삶의 한 단면, 활동의 어느 순간을 구매하는 것이다. 나머지에 대해서는 개인 스스로 헤쳐 나가야 한다. 그러나 가진 것이 아무것도 없을 때 스스로 헤쳐 나간다는 것은 굶는 것까지를 포함한다.

솔직히 말해서 소수가 생산수단을 독점할 경우 완벽한 정치적 자유는 불가능하다. 현대의 많은 나라가 그 가능성을 기대하는 것처럼 완벽한 자본주의국가란 존재할 수 없다. 만약에 완벽한 자본주의국가가 존재한다면, 생산라인에 참여하지 못한 무산자에게 돌아갈 식량은 존재하지 않을 것이다. 아울러 유산자를 제외한 인류의 희생이 빠르게 진행되면서 건전한 사회질서에 종지부를 찍고 말 것이다. 자본주의체제 아래서 사람들을 제멋대로 방치한다면, 노동자원이 단기간에 고갈될 뿐 아니라 기아로 인한 사망률이 극대화될 것이다.

가진 것 없는 사람들이 완벽하게 소심한 반면, 가진 자들은 오로지 못 가진 자들의 노동력을 아주 값싸게 구매하는 것 말고는 아무것도 신경 쓰지 않는다고 가정해보자. 그런 체제에서는 제일 먼저 노약자와 아녀자, 일자리를 잃은 사람들의 사망이 급증할 것이다. 지금 눈에 보이는 정도의 퇴보를 의미하는 것이 아니다. 체제 전체가 눈에 띄게 처절한 멸망의 길로 급전직하할 것이라는 얘기다.

물론 자본주의라는 이데올로기가 그 논리적 극단으로 치닫는 경우를 상상하기란 쉽지 않다. 앞서 살펴본 대로 그로 인한 자유를 막힘없이 행사했다가는 사회구성원 대다수의 생존을 보장하기가 어렵기 때문이다. 자본주의는 비자본주의적 방법에 의해 살아남아야만 한다. 자본주의가 영국인의 삶을 보다 강한 힘으로 장악할수록 주의 깊게 시도되어온 과업이 바로 그런 것이었다. 잉글랜드 인구의 거의 절반이 자본주의 몸살을 앓기 시작한 1834년 등장한 엘리자베스 여왕의 구민법Poor Law이 바로 성공적인 첫 사례라 할 수 있다. 그런 조치들은 지금 셀 수 없이 많은 상황이다.

가진 자들이 못 가진 자들의 생존에 무관심하다는 것은 명백한 사실이다. 그러나 인간의 삶에 미치는 자본주의의 두드러진 폐단은 그것 말고 또 있다. 우선 창출된 재화의 유용성보다 잉여가치를 마음껏 즐기기 위한 욕망에서 프롤레타리아트의 노동을 독려하는 소수의 가진 자 손에 생산수단이 귀속된다는 점이다. 그 생산 과정에서 벌어지는 무질서한 무한 경쟁이 자유를 포함한 소유권의 제약을 초래한다는 점 또한 그러하다.

이런 상황에서 생산수단의 소유자들에게 전적인 자유가 부여되면, 그들은 적극적으로 시장을 요리해 무모한 가격 경쟁을 벌이고, 상품 수요를 초과하는 공급과잉에 이름으로써 추후의 불황을 불러오게 될 것이다. 또다시 자본주의자는 오판할 것이고, 때로는 실패를 맞아 폐업에 이르기도 할 것이다. 결국 개개의 경쟁자들은 서로 상충하는 시도와 노력들을 경주한 끝에 거대한 낭비만 초래하고 만다. 가령 과도한 중개와 광고, 과시적인 전시 행사 등이 이런 낭비의 사례들이다. 그런 낭비가 지속되면, 그에 기생해 따라오는 고용 또한 지속된다. 하지만 그런 고용은 필연적으로 불안정할 수밖에 없다. 기만적 방법을 남용해 물건을 강매하는 모든 형태의 경제활동이 무한 경쟁 자본주의의 폐습으로 나타날 수 있다.

그리하여 다시 강조하건대, 여러 상황의 불안정성으로 자본주의의 논리적 결론을 끝까지 추구하기란 결코 쉽지 않다. 경쟁이란 사실상 경쟁자들 간 상호 이해를 통해 확장되는 범위 안에 한정된다. 그리고 이는 힘 있는 경쟁자에 의해 기획되고, 비밀스러운 정치권력이 지원하는 각종 음모에 의한 힘없는 경쟁자의 몰락을 반드시 수반한다. 한마디로 자본주의는 유산자나 무산자 모두에게 대부분의 경우 불안정한 체제임을 증명해 보이는 가운데, 정치적 자유와 관련한 그것의 중요 특성마저 상실하는 결과로 치닫는다.

현재 영국을 지배하고, 영국을 하나의 인위적 독점기업의 상징국가처럼 만들어버린 수많은 대형 신탁회사들을 살펴보라. 만일 법원이나 국가기관에서 자본주의 공식을 있는 그대로 철저하게 옹호하고 시행해준다면 어느 누구도 그와 경쟁이 될 만한 사업을 시작할 수 있을 것이다. 하지만 아무도 그렇게 하지 못하는 이유는 경제 문제와 관련해 체제 자체가 정치적 자유를 보호해주지 않아서다. 영국의 대기업과 경쟁을 시도하는 자가 있다면 그는 얼마 지나지 않아 무력화되고 있는 자신의 상황에 직면할 것이다. 만약에 수백 년 이어온 법정신만 믿고 그가 자신을 파멸시키려는 세력에 저항해 정당한 경제활동을 억압하는 음모를 고발한다면, 자신을 도와야 마땅한 법관과 경제 관료야말로 그 음모의 핵심적인 지지자들임을 그는 깨닫게 될 것이다.

다만 명심해야 할 것은 건전한 경제활동을 억압하는 체제 차원의 이런 음모야말로 진정한 자본주의의 변천 단계를 말해준다는 점이다.

자본주의의 본질과 완벽한 정치적 자유가 있는 그대로 보장된다면 이와 같은 음모는 당연히 법적 처벌과 규제의 대상이 될 것이다. 정확히 말해서 이런 음모는 정치적 자유의 근본 원칙에 대한 위반이기도 하다. 이 원칙은 누가 어떤 노동자와 원하는 계약을 모색해 적절하다 여기는 가격에 그로 인한 생산품을 제공할 자유는 물론, 그와 더불어 해당 생산품의 독과점을 초래하는 모든 유형의 음모를 처벌함으로써 그 자유를 보호하는 것 또한 포괄한다. 만약 이 같은 완벽한 자유가 제대로 이행되지 못하고 독과점이 방임 내지 조장된다면, 그것은 소유권 제한을 포함한 정치적 자유의 부자연스러운 압박과 그 단순한 경쟁의 불안정성, 생산수단의 무정부 상태가 결국 견디기 어려워졌음을 뜻하는 것이다.

　지금까지의 서술만으로도 자본주의국가의 불안정성을 초래하는 원인들에 관해 필요 이상의 설명이 되었을 줄 안다.

　나는 이 책의 독자들이 이미 목도했을 현상들과 함께 이 문제를 철저한 경험주의에 근거해 다루었다고 생각한다. 자본주의의 폐단은 이미 극명하게 드러났으며, 자본주의체제는 그 첫 번째 변천단계에 들어선 상태라는 점을 말이다.

　진정한 자본주의가 요구하는 완벽한 정치적 자유가 우리에게 주어지지 않고 있다는 점은 명백하다. 우리의 전통 윤리와 사회 현실 사이의 괴리를 수반하는 불안정성은 결국 가진 자와 못 가진 자 모두에 의한 음모의 용인과 국가 개입의 강제 조치들 그리고 음양으로 시도되는 각종 개혁 조치들을 새로운 처방책으로 불러들인 상태다. 다음 장부터는 그 양상들을 구체적으로 들여다볼 것이다.

6장

불안정성에 대한
안정적 해결책

자본주의체제의 불안정 상태는 일련의 방법론을 통해 안정 상태로 나아가고자 하는 항상성을 내포한다.

불안정평형unstable equilibrium이라는 개념의 정의는 안정평형stable equilibrium을 추구하는 불안정한 평형 상태에서 그 의미를 찾을 수 있다. 예컨대, 거꾸로 선 피라미드는 불안정평형의 상태에 있다. 이는 곧 어느 한 방향에서 아주 작은 힘만 가해도 그 전체의 균형이 무너져 안정평형으로 전환되고자 하는 상태를 의미한다. 마찬가지로 어떤 화학 혼합물이 불안정평형 상태에 있다고 말하는 것은 그 구성 성분들 간 친화력이 너무 강해 약간의 외부 자극만으로도 서로 추가 반응을 일으켜 전체 화학적 배열에 변화가 일어나는 경우를 뜻한다. 이를테면 폭발물이 그 대표적 사례다.

자본주의체제가 불안정평형 상태에 있다면, 이는 그 체제가 안정평형 상태를 추구하고 있음을 의미한다. 요컨대, 자본주의란 사회의 안정을 가능케 할 다른 구조로 전환하는 것이 불가피한 체제다.

그런데 자본주의를 대체할 수 있는 사회적 장치는 현재로선 다음 세 가지밖에 없다. 노예제도와 사회주의 그리고 소유권 Property이 그것이다.

이 셋 중 두 가지 또는 셋 모두를 뒤섞은 어떤 것을 상상할 수는 있으나, 그 하나하나가 독자적 요소일뿐더러 문제의 본질상 그 밖의 또다른 요소를 상정하기란 쉽지 않다.

앞서도 언급했다시피, 문제는 생산수단을 어떻게 관리하느냐에 달려 있다. 자본주의는 생산수단 관리가 소수의 손에 맡겨지되, 정치적 자유는 모두의 속성으로 남는 것을 의미한다. 자본주의 자체에 내재하는 불안정성과 더불어 그 윤리적 토대와의 상충으로 인한 비정상성이 도를 넘을 때, 우리는 그 구성 요소 중 무언가에 변화를 가함으로써 문제 해결을 모색해야만 한다. 다시 말해서 소수에 의한 생산수단의 독점과 모든 사회구성원의 자유라는 두 요소 중 어느 하나, 또는 둘 다에 메스를 대는 것이다. 자유의 유일한 대안은 자유를 부정하는 것일 수밖에 없다. 누구나 자기가 원하는 대로 일하거나 일하지 않을 자유가 있다. 그렇지 않으면 합법적으로 일을 강요하는 체제에 순응하는 수밖에 없다. 전자의 경우는 자유로운 존재다. 후자의 경우는 사실상 노예나 마찬가지다. 따라서 우리는 자유 대신에 노예제도의 성립을 받아들이는 길밖에 다른 선택의 여지가 없는 셈이다. 직접적이고 의식적으로 노예제도의 복원을 인정하는 것만이 자본주의가 초래하는 문제점에 대한 솔루션이 될 수 있다는 뜻이다. 이것이 바로 운용 가능한 규정들에 의거해 못 가진 자에게 적절한 수준의 안정과 여유를 보장해주는 길이다. 그와 같은 해결책은 현재 우리 사회가 사실상 다가가고 있는 귀결점이라 해도 과언이 아니다. 그러나 그런 해결책을 즉각적이고 의식적으로 받아들이기에는 하나의 장애가 따르는 것 또한 사실이다.

자본주의의 문제점에 대한 해결책으로서 노예제도를 의식적으로 수용하는 것은, 서구 문명의 기독교적 전통을 체화하고 있는 사람들에게 극도의 거부감을 낳기 마련이다. 개화된 인간관을 갖춘 사람으로서 그런 해결책을 당연시할 사람은 없다. 시대의 예언자가 그런 솔루션을 옹호하겠는가. 사회 개혁과 관련한 모든 이론은 우선적으로 자본주의의 구성 요소 중 자유만큼은 손대지 않는 대신, 소유권이라는 요소의 변화를 지향한다(여기서 소유권이란 생산수단에 대한 소유권을 의미한다).

자본주의 폐단에 대한 수습책으로서 소유권의 잘못된 배분이라는 문제를 손보고자 할 때, 예상 가능한 경로는 다음 두가지다.

소유권이 소수에게 한정됨으로써 고통받는 상황에 변화를 가져오는 길은 소유권을 다수의 손에 넘기거나 소유권 자체를 없애는 것이다. 거기 제3의 길은 존재하지 않는다.

구체적으로 소유권 자체를 없앤다는 것은 정치권력에 그것을 위탁한다는 의미다. 만약 당신이 자본주의로부터 유래하는 폐단을 소수에 의한 소유권 독점과 다수의 소외라기보다는 그 소유권 자체의 제도화에 기인한 것으로 보는 입장이라면, 당신은 공동체의 어느 구성원이건 생산수단을 사적으로 소유하는 것을 일절 금해야만 한다. 하지만 누군가는 생산수단을 관리해야 하고, 그렇지 않으면 우리는 당장 굶을 수밖에 없다. 따라서 현실적으로 그런 입장은 공동체의 공적 관리주체로 하여금 생산수단을 관리, 운용토록 권한을 위임하는 것으로 드러나기 마련이다. 그 공동체의 공적 관리주체가 공동체의 통제 대상이냐 아니냐의 문제는 적어도 경제적 시각에서의 해결책과는 아무런 상관이 없다. 분명히 해야 할 요점은 사적 소유권의 대안이란 오로지 공적 소유권의 확대일 수밖에 없다는 사실이다. 누군가는 쟁기로 밭을 갈아야 하고 그 쟁기를 관리해야 한다. 그렇지 않으면 밭을 갈아 수확을 도모할 생각일랑 단념하는 수밖에 없다.

반면 당신의 문제의식이 소유권 자체의 폐단이 아닌 그것에 대한 소수 유산자의 독점에 있다면, 처방은 그 유산자의 수를 늘리는 데로 모아질 수 있다.

여기까지 이해했다면, 이제 우리는 '노예체제'와는 근본적으로 달라진 이 사회가 노예제도의 복원에서 답을 구할 것이 아니라, 잘못 배분된 소유권의 개혁을 진지하게 논의할 때임을 주장해도 괜찮을 것이다. 첫째 개혁 모델은 사적 소유권을 부정하고 이른바 집산주의의 제도화를 추진하는 것이다. 이는 생산수단의 관리와 운용을 공동체의 정치 지도자들에게 일임하는 것이다. 둘째 개혁 모델은 자유시민이 자본과 토지를 정상적으로 소유할 수 있도록 소유권 배분을 확대하는 것이다.

우리는 첫째 모델을 사회주의체제 또는 집산주의체제라 하고, 둘째 모델을 분배주의체제라 부른다.

여기까지 설명이 되었다면, 이제부터는 우리의 자본주의 사회가 어떤 이유로 둘째 모델을 거부했는지, 곧 소유권의 재분배를 무슨 근거로 실현 불가능한 처방이라 치부해버렸는지, 그리하여 사회 개혁가들이 어떻게 집산주의를 표방하는 첫째 모델을 채택하게 되었는지 살펴볼 것이다.

아울러 집산주의적 개혁이 첫 단계부터 원래 의도와는 다르게 전혀 새로운 무엇으로 왜곡, 진화될 수밖에 없었는지도 알아볼 것이다. 다시 말해 유산자는 소수 그대로 남은 상태에서 프롤레타리아트 대중이 노예 상태를 조건으로 한 안정을 받아들이는 사회 말이다.

다시 한번 요지를 정리해서 핵심을 기술하면 다음과 같다.

자본주의체제는 그 내부에 집산주의 이론을 잉태하고 있으며, 집산주의 이론은 현실적으로 작동할 경우 그 본연의 이상과는 전혀 다른 어떤 것을 낳을 수밖에 없다. 그것이 바로 노예국가다.

7장

사회주의는
자본주의의 쟁점에 대한
가장 손쉬운
미봉책이다

자본주의체제가 별다른 저항 없이 계속 이어질 경우 공동체는 스스로 노예국가의 길을 밟는다.

자본주의체제로서는 분배주의보다 집산주의야말로 손쉬운 해결책이라는 사실에서 이런 결과가 빚어진다. 또한 집산주의를 시도하려는 행위 자체가 집산주의 이상과는 전혀 다른 결과물을 낳을 수밖에 없는데, 다수의 노예화와 소수의 특권 강화로 요약되는 그것이 바로 노예국가라는 얘기다.

노예제도를 끔찍하게 여기는 사람들은 누구나 자본주의 폐단의 해결책으로 분배주의나 집산주의를 제안한다.

전자를 제안하는 경우는 대게 보수주의나 전통주의를 표방하는 사람들이다. 이들은 기독교적 유럽의 오랜 생활 관습과 형식을 존중하고 최대한 보존하려는 의지를 갖고 있다. 유럽의 과거 역사에서 가장 행복했던 시기에는 모든 소유권이 적절하게 분배되었다는 사실을 그들은 알고 있다. 아울러 오늘날 소유권이 적절하게 분배된 나라에서는 사회 건전도가 다른 어느 곳보다 훨씬 더 강고하다는 사실 또한 잘 알고 있다. 요컨대, 자본주의 폐단에 대한 대안이자 해결책으로 분배주의국가의 재건을 추구하는 사람들은 적어도 현실적 사례를 고려함과 동시에 경험상 안정성이 검증된 사회적 조건을 이상으로 삼는 부류라 할 수 있다. 사회 개혁을 부르짖는 사람들 가운데 분배주의국가를 염두에 둔 이들은 집산주의자들(사회주의자들)보다 현실 문제를 더 고려한다는 점에서 한층 실용적인 노선을 걷는다고 하겠다. 반면 (앞으로 살펴보겠지만) 그들이 다루는 사회적 병폐들이 실제 고안된 대응책과 딱히 맞물리지 않는다는 점에서는 실용성이 떨어진다고도 할 수 있다.

한편 집산주의자는 공동체를 대표하는 정치지도자들에게 토지와 자본을 위탁하고자 한다. 이는 그들이 공동체의 이익에 부합하도록 토지와 자본을 관리할 것이라는 믿음을 토대로 가능한 것이다. 이로써 집산주의자는 지금까지 상상으로만 존재해왔던 한 독특한 체제를 다루거니와, 경험으로 검증되지 않고 역사가 분명한 사례를 미처 제공하지 못한 어떤 것을 이상으로 삼는 셈이다. 그런 뜻에서 집산주의자는 분배주의자와 노예주의자보다 덜 현실적인 사람이다. 그가 품은 이상은 과거 역사가 기록하고 널리 알린 어떤 궤적 안에서도 찾아낼 수 없다. 현재 진행형으로서의 사회주의를 검증할 수단이 우리에게는 없으며(이 책이 출판된 시기 참조─옮긴이), 따라서 이렇게 이야기할 아무런 근거가 없다. "유럽 역사의 이러저러한 경우, 이러저러한 기간에 집산주의체제가 완전히 정립되었고 사회 전반에 걸쳐 안정성과 행복이 자리 잡았다."

그런 의미에서 소유권의 올바른 분배를 지향하는 개혁가보다 집산주의자가 훨씬 덜 현실적이고 훨씬 덜 실용적인 견해의 소유자임은 명백하다.

그러나 다른 한편으로는 사회주의자가 분배주의자보다 더 실용적이고 현실적이라 할 수 있는 부분도 없지 않다. 이를테면, 우리가 처한 사회적 병폐가 소유권의 고른 분배를 지향하는 것보다 집산주의적 해결책을 보다 손쉽게, 보다 덜 충격적으로 받아들이는 것처럼 보인다는 점에서 그렇다.

예를 들어보자. 공적자금을 풀어 기업의 사적 소유권(철도나 항만회사)을 사들인 다음, 공급으로 운영되는 체제로 전환하고 그 수익 역시 공적 용도로 활용하는 것은 오늘날 영국에서 흔히 목격할 수 있는 광경이다. 수도나 가스, 전차 등 관련 기업의 지분과 운영 주체가 자본주의적 배경에서 집산주의적 배경으로 옮겨가는 사례는 결코 드물지 않으며, 그런 변화가 우리 사회에 근본적인 혼란과 충격으로 받아들여지는 것 또한 결코 아니다. 사기업 형태로 운영되는 수도 관련 사업이나 전차 노선을 어떤 도시가 사들여서 공공의 이익을 위해 운영할 때 그 거래 과정에서 마찰이나 무리수가 발생하는 경우란 찾아보기 어렵다. 그로 인해 시민 개개인이 피해를 입는 일은 없으며, 모든 것이 사회 전반에 걸쳐 정상적인 절차로 인식되는 분위기다.

반면 그런 기업에서 많은 수의 주주를 새로 만들고, 원래의 소수 자본가들을 대신할 수많은 파트너를 인위적으로 동원해 광범한 자산 분배를 시도한다면, 그것은 시간도 오래 걸릴뿐더러 매 단계 반발을 부를 뿐 아니라, 상당한 마찰과 혼란을 야기해 결국 소수 자본가에게 다시금 지분을 팔려는 다수 주주의 무리한 움직임으로 좌절을 맞게 될 것이다.

요컨대, 소유권을 국가 구성원 대다수에게 공평히 적용되는 제도로 재정립하기 원하는 사람이 있다면 그는 기존 자본주의 사회의 결을 거스르는 격이 될 것이고, 공동체 내에서 집산주의, 곧 사회주의를 확립하고자 하는 사람이 있다면 그는 사회의 결을 거스르지 않는 사람으로 인식될 것이다. 전자는 수족 일부가 폐용성 위축을 앓고 있는 사람에게 다음과 같이 말하는 외과의와도 같다. "이런 운동과 저런 운동을 하십시오. 스스로 이렇게 저렇게 노력해야만 합니다. 그럼 당신은 수족을 다시 예전처럼 사용할 수 있을 겁니다." 그런가 하면 후자는 같은 사람에게 이렇게 말하는 외과의라고 할 수 있다. "이 상태 그대로는 안 됩니다. 당신의 수족은 사용을 잘 하지 않아서 기능이 위축되어 있어요. 그걸 무시하고 멀쩡한 사람처럼 행동하려고 해봤자 아무 소용없고 고통만 더할 뿐입니다. 차라리 당신의 질환에 걸맞게 휠체어를 타고 다니는 방법을 고려해보심이 좋겠습니다." 이때 외과의는 사회 개혁가고 환자는 프롤레타리아트다.

소유권의 고른 분배를 관철시켜 더는 안정적이지 못한 자본주의를 대체하기 위해서는 어떻게 해야 하며, 어떤 난관을 극복해야 하는지를 밝히는 일은 이 책의 목표가 아니다. 다만 노예국가로 전락할 수밖에 없는 집산주의의 실태를 고발하기 전에(나의 논지를 대조적으로 강조하는 뜻에서) 분배주의적 해결책을 둘러싼 난점들을 먼저 살펴보고, 집산주의적 해결책이 왜 자본주의 체제를 살아가는 사람들에게 더 달갑게 다가오는지 해명하고자 한다.

내가 특정 기업을 상대로 소수의 유산자들을 다수의 무산자들로 대체하길 원한다고 가정하자. 나는 어떤 식으로 일에 착수할까?

소수의 유산자들로부터 과감하게 가진 것을 압수해 단번에 다수의 무산자에게 재분배할 수도 있을 것이다. 하지만 새로이 유산자가 될 사람들을 어떤 방식으로 선정해야 할까? 설혹 새로운 분배 정의를 표방하는 체제가 갖춰졌다고 해도, 보편적인 재분배 과정에서 무수히 벌어질 수 있는 부당한 개별 행위들을 어떻게 깔끔히 피해갈 수 있을까? "아무도 가져선 안 된다"고 선언한 뒤 가진 걸 빼앗는 것은 그렇다 치자. "모두가 가져야 한다"고 선언하고서 그 소유권을 공평히 나누는 것은 또다른 문제다. 이와 같은 행위는 경제 관계의 총체적 네트워크에 일대 혼란을 불러올 것이며, 그 여파는 해당 정치체제 전반의 급작스러운 붕괴로까지 이어질 공산이 크다. 현대사회에서 외적 요인에 의한 위기 상황이 간접적인 여파로 이어져, 결국 그와 같은 재분배의 움직임을 촉발하고 좋은 결과까지 낳을 수는 있을지 모른다. 그러나 내부에서 인위적으로 그런 위기 상황을 조장해 재분배를 도모한다는 것은 생각하기가 쉽지 않다.

그렇다면 좀더 완만하고 보다 합리적인 방식으로 일을 추진해보는 건 어떤가? 소규모 자산이 점진적으로 덩치를 키워나갈 수 있도록 공동체의 경제생활을 유도한다고 가정하자. 오늘의 자본주의 사회에서 내가 맞서나가야 할 타성과 관습은 얼마나 강고한가!

큰 비용을 감수하고서라도 소액 저축에 이득을 부여하고자 한다면, 은행 잔고를 기준으로 이자가 책정되는 현재의 경제체제를 송두리째 뒤엎어야 할 것이다. 1000파운드 수입에서 100파운드를 저축하는 것이 100파운드 수입에서 10파운드를 저축하는 것보다 훨씬 쉽다. 50파운드 수입에서 5파운드를 저축하는 것보다 100파운드 수입에서 10파운드를 저축하는 것이 어마어마하게 쉬운 법이다. 소규모 자산을 저축만으로 불린다는 것은 주도면밀하게 예금마다 보조금을 주거나, 경쟁이라면 결코 얻어내지 못할 포상금을 책정해주지 않는 한 불가능한 일이다. 설사 그렇게 해줄 수 있다고 해도 광범한 은행업의 질서 자체가 그로 인해 후퇴하고 말 것이다. 아니면 소수 유산자와 관련한 업무상 벌칙규정에 엄정을 기하고, 대규모 주식거래에 무거운 세금을 매기는가 하면, 소액 주주들에 대해서는 그 규모에 따라 수익 보조금을 지불하는 식의 정책을 추진하는 방법도 있겠다. 그런데 이 경우 역시 가장 적은 규모의 주식 투자조차 하지 못하는 대다수 공동체 구성원의 문제에 직면할 수밖에 없다.

이런 종류의 사례는 거의 무한정 들 수 있다. 그러나 자본주의적 사고방식에 이미 물들어버린 사회에서 소유권의 분배를 어렵게 만드는 가장 강력한 장애는 역시 윤리적인 문제에서 찾는 것이 적절하다. 인간은 정녕 무언가를 나누고픈 마음이 있을까? 정치 지도자나 행정 관료, 법을 다루는 사람들이 자본주의 관점에서 부자에게 당연시되는 권력을 떨쳐낼 수 있을까? 예컨대, 내가 대형 주식회사에 접근해 그것을 공적자금으로 사들였다고 가정하자. 그 주식들을 직원들에게 무상으로 증여할 경우, 과연 나는 그들이 그렇게 새로 얻은 재산을 낭비하지 않을 만큼 소유의 전통에 충실하다고 믿을 수 있을까? 함께 고생하고 더불어 살자는 본능의 잔재라도 그들의 가슴 속에서 발견할 수 있을까? 하나의 집단으로서 가난한 이들을 진지하게 돌아보고, 그들이 부자를 위해 일하듯 그들을 위해 일할 마음을 가진 기업 관리자나 경영자를 찾을 수 있을까? 자본주의 사회의 심리학이란 소유권이 아닌 '고용'만을 생각하는 프롤레타리안 대중과 오로지 기업 관리의 메커니즘에만 능한 소수의 유산자 사이에서 심각한 괴리 현상을 보이기 마련인가?

사실 그다지 힘든 사고를 요구하는 것은 아닌 만큼 나는 이 문제를 되도록 간략하게 표면적으로 짚어보았다. 의지와 생기가 충만한 사회에서 소유권은 얼마든지 정상화될 수 있다. 그럼에도 현대 자본주의 사회에서 소유권을 정상화하고자 쏟는 노력은 별난 행태이자 수상쩍은 실험으로 낙인찍히기 일쑤이며, 다른 사회적 사안들과 불협화를 초래하기 십상이다. 이런 공동체의 분위기야말로 소유권을 정상화하려는 모든 노력을 어불성설로 만들어버리는 요인이다. 현대 자본주의 사회에서 소유권을 정상화하려는 시도는 노인에게 탄력과 순발력을 요구하는 것과 비슷하다.

그런가 하면, 집산주의 실험은 그것이 대체하고자 하는 자본주의 사회에 (최소한 겉으로 보기에는) 아주 자연스럽게 정착한다. 이는 기존의 자본주의체제에서 잘 이해되고, 자본주의 언어로 쉽게 개진되며, 자본주의가 불러일으키는 욕구에 효과적으로 어필한다.

그렇기에 보다 아둔한 집산주의자일수록 '자본주의 단계'가 '집산주의 단계'에 필연적으로 선행한다는 이야기를 자주 한다. 이른바 '사적 소유개념에서 공적 소유개념으로의 전이 유형을 제시하기에' 주식회사나 독점기업을 환영할 만하다고 여기는 것이다. 집산주의는 생산활동을 오로지 고용의 개념으로만 파악할 줄 아는 대중을 상대로 고용 약속을 남발한다. 집산주의는 자본주의적으로 잘 조직된 대기업이 정교한 수당체계라든가 정기적인 승진 룰을 통해 보장하는 안정을 집산주의체제 아래에 있는 노동자들에게 약속한다. 다만, 집산주의의 관점에서는 일개 회사가 아닌 국가 차원에서 보장하는 안정임을 강조함으로써 그 의미를 부풀릴 따름이다. 집산주의가 경영을 하고, 임금을 지불하고, 승진을 시키고, 연금을 지불하겠다는 방식을 보면 오늘날 자본주의국가에서 하는 그것과 별반 다르지 않다. 집산주의(또는 사회주의)체제가 부각되는 상황에서 프롤레타리안이 느끼는 것은, 자신의 처지가 조금 개선되고 있다는 것 말고 아무것도 없다. 가령 이 시대의 양대 거대 산업인 석탄과 철도 분야가 미래의 체제에서도 고스란히 번창할 경우, 그 안의 잘 조직된 노동자 무리로서 약간의 생활 안정성 향상과 수입의 소폭 상승 말고는 자기 삶의 본질에 아무런 변화가 없다는 걸 깨달아야 한다면, 그 상황을 어떻게 바라봐야 할까?

자본주의국가를 살아가는 프롤레타리안 대중의 입장에서 볼 때 집산주의의 전체 기획에서 새로운 것은 거의 없다. 그것은 단지 약간의 임금 인상과 상당 수준의 정신적 안정을 약속하는 것에 지나지 않는다.

생산수단을 소유하는 자본주의 사회의 소수파에 대해서 집산주의는 물론 적으로서 부각되기를 원하고 있으나, 그 적은 자본주의의 소수 그룹이 충분히 이해하고 공통의 언어로 거래할 수 있는 적에 불과하다. 예컨대, 집산주의체제의 국가가 현재 신탁보수 4퍼센트인 기업을 인수하고 그걸 국가경영체제로 돌려 신탁보수 5퍼센트 대로 끌어올릴 수 있다고 믿을 경우, 그 과정은 엄연한 사업적 제안의 형식을 취한다. 더욱이 국가란 보다 높은 신용도와 지속성을 담보하기에 기존의 어떤 자본주의 기업에 대해서도 좋은 명분을 내세워 바이아웃buy out(기업의 지분 대다수를 사들이거나 기업 자체를 인수하는 것을 의미함－옮긴이)을 시도할 수 있다. 또한 집산주의체제가 자신이 먹여 살리는 프롤레타리아트를 상대로 강제하는 규율은 오늘날 자본주의 기업이 자신의 이익 도모를 위해 노동자에게 부과하는 강제력과 크게 다르지 않다.

자본주의자를 집산주의자로 변화시키고자 하는 기획은 자본주의 사회에 익숙한 용어 사용과 반응들, 두려움과 탐욕, 무관심 또는 기계적인 규율 같은 자본주의 공동체에 두루 친숙한 본능들로 충만하다.

만약 현대 자본주의 잉글랜드가 순간적인 마법을 통해 소규모 자산가들의 나라로 돌변한다면, 우리 모두는 엄청난 변혁을 각오해야 할 것이다. 가난한 자의 뻔뻔함과 만족한 자의 태만함, 어리둥절할 만큼 잡다한 일거리와 사방에서 날뛰는 거칠고 폭력적인 인간들의 온갖 행태에 기겁하고 말 것이다. 그러나 이 자본주의체제의 잉글랜드가 개개인의 이해관계를 충분한 시간을 두고 재조정하는 절차를 갖추면서 집산주의체제로 변신할 수만 있다면, 그 결과는 우리 모두의 눈에 그리 어긋나는 광경이 아닐 것이며, 이론으로 점치지 못한 충격 또한 전혀 없을 것이다. 정규직에 못 미치는 희망 없고 불안정한 잉여적 노동 문제는 법적 처벌에 따른 고립된 작업조건에서나 찾아보게 될 것이다. 현재 국가에 대한 막대한 의무를 수반하는 우리의 소득은 이름만 바꾼 봉급salary과 더불어 별로 다르지 않은 의무를 고스란히 떠안은 채 다소 넉넉해진 소득으로 대체될 것이다. 소규모 가게 운영자의 경우, 일부는 봉급제 공공사업에 흡수되고 일부는 안정된 수익을 내건 분배적 차원의 낡은 일자리 참여로 귀결되고 말 것이다. 이처럼 집산주의체제로 전환된 잉글랜드의 영세 상공인들은 집단적 감시체제의 불편함과 과세제도의 부담이 늘어난 것 말고는 자신들이 겪고 있는 체제의 별다른 점을 결코 느끼지 못할 것이다.

자본주의가 집산주의로 자연스럽게 이행하는 이런 그림이 얼마나 자명하게 다가오는지, 지난 세대의 많은 집산주의자들은 자기들이 내세우는 이상과 현실을 가로막는 것은 오로지 인류의 무지밖에 없다고 굳게 믿었다. 따라서 거대한 변혁을 가능케 하기 위해 그들이 할 일은 끈질기게 논쟁하고 체계적으로 설명하는 것이 다였다. 그렇게 꾸준히 논쟁하고 설명한 끝에 비로소 그 정도 이해가 된 것인지도 모른다.

나는 앞서 "지난 세대"라고 분명히 말했다. 오늘날 그런 단순하고 표피적인 판단은 처참하게 흔들리고 있는 상황이다. 진지하게 한 우물만 판 집산주의자들은 저들의 노력이 결국 집산주의체제와는 전혀 다른 무언가로 귀결됨을 인정해야만 하는 상황에 직면해 있다. 사회주의자들이 공통적으로 추진해온 개혁들과 그들이 일반적으로 선호하는 난해한 방법론을 통해 실제로 구체화되는 것은 완연히 다른 체제임이 점점 더 분명해지고 있는 상황이다. 그동안 진행되어온 자본주의로부터 집산주의로의 변화 시도는 집산주의체제로 귀결되지 않고, 집산주의자는 물론 자본주의자도 전혀 생각지 못한 제3의 변종으로 귀착되는 분위기다. 그 제3의 변종이 다름 아닌 노예국가다. 노예국가란 대중이 법의 구속에 따라 소수의 이득을 위한 노동에 동원되는 체제, 대신 그 구속의 대가로 예전 자본주의체제에서는 맛보지 못한 새로운 안정을 누리는 나라를 의미한다.

간명하고 직설적으로 보이는 집산주의적 개혁의 강령들이 그렇게 예기치 않은 방향으로 선회하는 이유는 무엇인가? 현대 잉글랜드와 일반적인 산업사회 모두 어떤 법과 제도로 인해 이처럼 새로운 형태의 국가를 용인하게 되었는가?

나는 이 책의 결론에 해당하는 앞으로의 내용을 통해 위의 질문들에 대한 답변을 시도할 것이다.

개혁의 주체와
대상 모두
노예국가를
만들어간다

나는 이번 장을 통해 현대 잉글랜드에서 사회 변혁을 주도해온 힘의 배경인 세 부류의 이해 당사자가 어떻게 해서 노예국가로 표류해갈 수밖에 없었는지를 보이고자 한다.

이들 세 이해 당사자 중 처음 둘은 개혁의 주체를, 나머지 하나는 개혁의 대상을 대표한다.

첫째 이해당사자는 사회주의자이며, 최소 저항선에 준해 작업하는 이론적 개혁가다. 둘째 이해당사자는 실용주의자이며, 실용주의적 개혁가로서 시계가 좁기는 하나 오히려 그로 인해 오늘의 당면 문제에 발 빠르게 대처한다. 셋째 이해당사자는 거대한 프롤레타리아트 대중이다. 이들에게는 변혁의 영향이 직접적이고 또한 강제적이기도 하다. 이들이 어떤 체제를 수용

‖ 8장 개혁의 주체와 대상 모두 노예국가를 만들어간다

하고 어떤 방식으로 그에 반응할 것인지의 문제야말로 개혁의 가장 중요한 변수다. 개혁의 결과를 체현하는 것이 바로 그들의 삶이기 때문이다.

\ 사회주의 개혁의 문제점

다시 말하지만, 자본주의체제의 폐단에 대한 대책으로 집산주의나 사회주의 실현을 추구하는 사람들은 그들의 노력이 집산주의국가가 아닌 노예국가로 표류해 들어감을 확인할 수밖에 없다.

이 뜻하지 않은 표류의 첫째 요인인 사회주의운동은 두 부류의 사람들이 주도해왔다. 하나는 생산수단의 공적 소유를 (그 결과 국가 주도로 개인에게 부과되는 노동의 강제성까지) 현대사회의 병폐에 대한 유일한 솔루션으로 인식하는 부류다. 다른 하나는 집산주의적 이상 자체를 사랑하는 부류로서, 그것이 현대 자본주의에 대한 솔루션이기에 추구한다기보다는 그냥 그 자체로 질서정연하고 합리적인 사회 형태이기에 추구하는 입장이다. 이들은 국가 공무원이 토지와 자본을 직접 관리하고 대중을 통제함으로써 그들 개개인의 무지와 악덕, 어리석음의 폐단을 차단하는 것이야말로 이상적인 국가의 모습이라고 생각한다.

이 두 부류는 명백하게 구분되며 여러 면에서 서로 적대적인 양상을 보이기까지 하는데, 사회주의운동 전체가 둘 사이의 간격을 메워왔다.

이제 이 두 부류의 사람들이 현대사회의 자본주의체제와 불화를 겪으면서 그것의 변혁을 기도한다고 상상하자. 과연 그들의 행동은 어떤 최소 저항선에 준해 전개될 것인가?

첫째 부류는 우선 생산수단을 현재 점유자들로부터 몰수하고, 추후 그것의 국가 귀속을 요구하는 것으로 행동을 개시할 것이다. 문제는 이러한 요구가 순순히 관철되기란 극히 어렵다는 점이다. 현재 생산수단을 독점하고 있는 유산자들과 몰수라는 개념 사이에는 바위처럼 강고한 윤리적 장벽이 가로놓여있다. 곧 대다수 사회구성원의 뇌리에 하나의 전통으로서 깊이 뿌리박힌 소유권의 도덕적 기반(소유란 정당하다는 본능적 인식) 말이다.

간단한 예를 하나 들어보자. 적어도 1760년 이래 인클로징 조치가 이뤄진 토지(중세부터 19세기 산업혁명기까지 이어진 영국의 인클로저운동Enclosure movement. 대지주들을 중심으로 국가체제가 나서서 토착농민의 권익을 무시한 채 경작지에 무작위로 울타리를 쳐 사유화한 조치. 이를 통해 많은 유랑민이 발생해 도시로 몰려들었고 결국 저임금 노동자로 전락, 산업혁명의 저변을 구성한다-옮긴이)에 한해 일괄하여 공유지로 되돌린다는 조치가 발표된다. 이것만 해도 무척 온건하면서 얼마든지 방어가 가능한 경우다. 그러나 생각해보라. 얼마나 많은 소형 토지 소유권, 수백만에 이르는 부채와 수익의 연계 구조, 무수한 토지 거래와 소규모 자산가들의 어렵게 이룬 저축에 의한 구매가 이런 조치 하나로 망쳐질지를! 윤리적 차원에서 볼 때 사회가 사회에 대해 취하는 조치는 얼마든지 용인될 수 있다. 그러나 자칫 그러한 조치가 공동체의 안전한 신용과 그에 연루된 재화財貨에 얼마나 많은 피해를 가져올지 생각해볼 필요가 있다. 그런 상황을 방치한다는 건 있을 수 없는 일이다. 요컨대, 최상의 사회주의 개혁이라 해도 결국에는 기존 자산가에 대한 '바이아웃' 대책으로 귀결될 수밖에 없는 것인데, 이것이 가진 근본적인 중요성 때문에 추후 따로 고찰해볼 필요가 있는 문제이긴 하다.

당장은 몰수조치 없는 '바이아웃' 시도가 경제적 오류에 근거하고 있음을 언급하는 것으로 충분하다. 나는 이 점을 적절한 기회를 통해 증명할 것이다. 지금은 일단 그런 대책조차 인정한 상태에서 개혁가의 다음 행동으로 논점을 옮겨가는 것이 적절하다.

요컨대, 몰수조치가 없다고 치자. 그러니까 생산수단의 일부 영역에 대한 '바이아웃'이 개혁의 최대치라는 얘기다.

하지만 이런 조치가 결코 사회주의 개혁가의 동기 전체를 대변할 수는 없다. 정의상 그는 자본주의 사회의 직접적인 폐단으로 보이는 모든 것을 치료하고자 노력하는 사람이다. 그 폐단으로 인한 대다수 서민의 빈곤과 처절한 불안정성을 뜯어고치겠다고 나선 사람이다. 기존의 자본주의 사회를 사람이 사람답게 먹고 입고 살아가는 사회, 의식주 문제에 있어서만큼은 지속적인 불안정에서 탈피할 수 있는 공동체로 대체하고자 하는 입장이다.

그렇다. 자산몰수 없이 그것을 이루는 방법은 있다.

소수에 의한 생산수단의 독점권이 사회적 패악의 원인이라는 사회주의 개혁가의 생각과 분노는 정당하다. 문제는 그런 사회악이 생산수단의 제한된 소유권과 더불어 그와는 달리 보편적으로 허용된 자유의 결합에서 생겨났다는 사실이다. 그 둘의 조합이야말로 자본주의체제의 정의definition를 이룬다. 가진 자의 재산을 박탈하기란 실로 어려운 일이다. 그러나 자유의 요소에 변화를 가하는 일은 (그 변화가 중대한 영향을 미칠 대중을 다룰 때 다시 확인하겠지만) 그다지 어려운 일이 아니다.

우리는 자본주의자를 상대로 이렇게 말할 수 있다. "나는 당신이 가진 것을 빼앗고 싶다. 그리하여 나는 당신이 고용한 사람들에게 살 만한 삶이 주어지도록 할 것이다." 자본주의자는 이렇게 대답한다. "내가 가진 것을 빼앗도록 놔두지는 않을 것이다. 엄청난 재앙이 아닌 이상, 그런 일을 허용할 순 없다. 그러나 내가 고용한 사람들과 나의 관계를 당신이 손보고자 한다면, 나는 내 위치에 준하는 만큼의 책임을 질 의사가 분명하다. 저들이 프롤레타리안이라는 점이나 내가 자본주의자라는 점이나 일정한 제도적 틀이 부과하는 권리와 의무에서 비롯된 것이다. 나는 내가 고용한 사람들이 그 제도를 준수하기를 바라거니와 나 역시 그 제도에 따른 역할에 충실하고자 한다."

그렇게 해서 우리의 이상주의적인 사회주의 개혁가는 자신의 요구가 일정한 흐름으로 구체화됨을 인지한다. 요구의 한 축인 재산 몰수의 길은 가로막히고 차단되었다. 반면 다른 한 축인 프롤레타리아트의 인간적 삶의 보장은 길이 열렸다. 하천이 강력한 둑으로 막혔지만, 그 둑에 수문이 있어 경우에 따라 열고 닫을 수 있게 된 거다. 수문이 열리면 물은 그렇게 주어진 기회를 통해 거침없이 흐를 것이다. 그러는 와중에 물의 흐름이 수로 자체를 넓고 깊게 만들 수도 있을 것이다. 주류가 형성되는 것은 그런 과정을 통해서다.

비유를 걷어내고 객관적으로 말해보자.

사회주의자의 요구는 노예국가와 양립할 수 있는 범위 내에서만 성취 가능하다. 그런 의미에서 이미 성취의 첫 단추는 채워진 것이나 다름없다. 자본주의체제는 사회주의적 개혁의 보다 긴급하고 직접적인 요구들을 만족시켜줌으로써 신속하고 수월하게 노예국가로 이행할 수 있다. 이는 사회주의적 개혁의 궁극적 목표가 자본과 토지의 공적 소유이면서도, 그 원동력은 대중의 가난에 대한 뜨거운 연민의 수준을 벗어나지 못하기에 가능한 현상이다.

그렇기에 노예국가로 이행이 완료된 다음, 공적 소유권을 지향하는 더이상의 요구나 필연이 자리할 공간은 남지 않는다. 사회주의 개혁은 자족과 안전을 확보하려는 목적에서 공적 소유권을 요구했을 뿐이며, 노예국가로 이행을 통해 그 요구가 노린 목적이 달성되었기 때문이다.

목적지가 삶의 자족과 안전뿐이라면 자본주의 단계에서 비롯된 보다 유연하고 손쉬운 길이 얼마든지 있다. 그 이상을 탐할 근거가 사라지는 셈이다.

체제가 아니라 인간의 웰빙을 겨냥한 사회주의자들의 동기는 자기 의도와는 무관하게 집산주의적 이상에서 멀어지는 결과를 낳게 된다. 다시 말해 가진 자는 계속 가진 자로, 못 가진 자는 계속 못 가진 자로 머무는 사회, 다수는 소수의 이익을 위해 일을 하고 소수는 여전히 다수의 노동이 생산한 잉여가치를 즐기는 사회, 그러면서도 무엇보다 자유의 산물이기도 한 불안정과 결핍이 그 자유가 파괴됨으로써 제거되는 사회가 정착한다는 얘기다.

　그 과정의 끝에는 두 종류의 인간만이 남는데, 경제적으로 자유로운 유산자와 경제적으로 자유롭지 못한 무산자다.

　둘째 부류의 사회주의 개혁가는 훨씬 간단하게 설명될 수 있다. 그는 사람이 사람을 착취하는 것에 대해 전혀 분노하지 않는다. 사실 분노와 같이 생생하게 살아 숨 쉬는 감정 자체가 이런 부류의 사람에게는 익숙하지 않다. 계획표, 통계수치, 인생의 딱 떨어지는 규격이 이런 사람에게는 정신적·도덕적 만족감을 준다. 그가 제일 마음에 들어 하는 일은 마치 기계를 작동시키듯 사람을 '부리는 일'이다.

　이런 사람은 집산주의적 이상에 적극적으로 반응한다. 그것이 극단적으로 질서정연한 무언가를 연상시키기 때문이다. 반면, 살아 숨 쉬는 사회 고유의 유기적인 다양성은 이런 사람의 심기를 끝없이 불편하게 만들 뿐이다. 번다한 일들 앞에서 그는 혼란에 휩싸인다. 그러나 삶의 모든 양상이 공무집행자들의 단순 명료한 업무를 통해 결정되고 각 부서의 책임자들에 의해 통제되는 관료체제는 생각만 해도 이런 사람의 뱃속을 편안하게 해준다.

　이 사람 역시 첫째로 거론한 사람과 마찬가지로 자본과 토지의 공공재 개념에서 시작해 그것을 토대로 자신의 기질에 부합하는 엄격한 제도를 만들고 싶어 한다. (개혁 후의 사회를 바라보는 그의 비전에 자신을 대표자로 하는 관료체제가 포함됨은 물론이다.) 하지만 아무리 집산주의 구도에서 시작했어도 이 사람이 현실에서 직면하는 것은 스스로 그렇게 할 능력이 없다는 사실이다. 열정적인 사회주의자가 그러하듯 그 역시 재산 몰수에 적극적이어야 마땅하겠으나 그러지를 못하는 것이다. 인간의 오류를 못 견뎌 분통 터지는 사람에게도 힘겨운 일일진대, 그와 같은 강력한 동기도 없이 그저 질서에 대한 기계적 취향에 이끌려 개혁에 나선 사람에게 그 이상 어려운 일이 무엇이겠는가?

다시 말하지만 이런 개혁가는 무리하게 조성된 사적 재산을 몰수하거나 그에 버금가는 조치를 취할 능력이 없다. 그가 할 수 있는 최선의 행위는 자본가에 대한 '바이아웃'이다.

문제는 이런 경우나 이보다 조금은 더 인간적인 사회주의자의 경우나 '바이아웃'이 일반적으로 적용하기 힘든 전략이라는 사실이다.

대신 이런 사람이 생산수단의 사회화에 쏟는 열정 이상으로 공을 들이는 일들, 예컨대, 도표를 꼼꼼히 작성한다든가 사람들을 세세하게 통제하는 작업, 하나의 계획을 위한 많은 인력 동원, 공공행정에 맞서는 사적 권력의 무력화 등은 기존 사회질서를 흔들지 않고도 당장 실현 가능한 일들이다. 다른 사회주의자와 마찬가지로 그가 바라는 일은 기존의 소수 가진 자에게서 무엇을 강제로 박탈하지 않고도 얼마든지 이뤄질 수 있다. 단지 프롤레타리아트의 현황 파악에 만전을 기하기만 하면 된다. 아울러 무산자와 유산자 모두 자유를 행사하는 가운데 경제적 불안정과 결핍을 초래하지 않도록 주의하는 것으로 족하다. 프롤레타리안 대중에게 안정된 의식주를 제공하는 법을 제정하고 그들의 여가와 오락을 유산자 계급이 책임지도록 하라. 대신 이득을 주고자 하는 무산자 계급이 법의 테두리 내에 머물도록 감시와 처벌을 강화하라. 그러면 그가 원하는 일이 성취될 수 있다.

첫째 부류의 경우와 달리 그에게 노예국가란 자기 의지와는 무관하게 흘러 들어가는 목적지가 아니다. 그가 지향하는 집산주의국가의 선택 가능한 대안이다. 그 자신이 얼마든지 긍정적으로 수용할 준비가 되어 있는 대안 말이다. 지금으로부터 한 세대 이전 기꺼이 '사회주의자'임을 자처했을 개혁가들로 말하자면, 오늘날 무수히 불어난 기성 제도에 대한 관심에 비해 자본과 토지의 사회화 같은 급진적 전략에는 상당히 미온적이다. 그들 중 일부는 이미 법의 힘을 제 것으로 삼아 프롤레타리아트를 통제하고 운용하며 훈련시키는 일에 적극적이다. 소수의 자본가 그룹이 향유해온 자산과 특혜를 손댈 생각은 눈곱

만큼도 없이 말이다.

이런 부류의 '사회주의자'들이 주도하는 개혁 작업은 계산 착오 때문에 노예국가로 귀착하는 것이 아니다. 그들의 개혁은 노예국가를 잉태하고 출산하며 노예국가의 미래에 미칠 자신의 영향력을 가늠한다.

한 세대 전만 해도 바로 그런 사회주의운동이 우리의 자본주의 사회를, 공동체가 모든 걸 소유하고 모두가 그 보호 아래 동등한 자유를 누리는 사회로 바꿀 것을 제안했다.

\ 실용주의적 개혁의 문제점

또다른 유형의 개혁가는 자신이 사회주의자가 아님을 오히려 자랑스럽게 생각한다. 그가 제시하는 개혁론은 오늘날 가장 중요한 영향력을 인정받는 방법론 중 하나다. 하지만 그 역시 노예국가를 만드는 데 일조하고 있다. 그가 말하는 변화의 동력은 이르바 '실용적 인간Practical Man'에게서 나온다. 이런 유형에 관해서는 입법 또는 제도화의 세세한 과정에 작용하는 그 영향력 때문에 아주 신중하게 다루어져야만 한다.

대게 '실용적 인간'은 이렇게 말한다. "당신들 이론가와 원칙주의자가 아무리 나의 제안을 두고 버텨도 그것이 추상적 이론과 교의에 다소 배치될지언정 사실상 유용하고 좋다는 것을

137

인정해야만 할 것이다. 실제로 당신들이 가난을 체험하거나 빈민가에서 봉사활동을 해보면 실용적인 사람으로서 그 모두를 다시 보게 될 것이다."

사회 개혁의 과정에서 드러나는 실용적 인간의 면모는 인간 에너지가 작용하는 모든 분야에 공통된 실용적 인간의 그것과 정확히 일치한다. 그리고 실용적 인간이 활동하는 영역 어디에서나 확인되는 결함이 그 과정에서도 어김없이 발견된다. 결함은 장애에서 비롯하거니와 실용적 인간은 다음 두 가지 장애를 극복하기가 어렵다. 곧 자신의 행동을 낳는 원칙을 명확히 정의하지 못하는 장애와 자신의 행동이 낳은 결과를 논리적으로 받아들이고 따르지 못하는 장애다. 이 두 장애는 하나의 단순한 무능에서 비롯하는데 그것은 바로 사고思考의 무능이다.

사회 개혁가로서 그 역시 우리 모두와 마찬가지로 (어쩌면 자신은 의식하지 못할 수 있지만) 자기 행동을 낳는 원칙이나 이론을 가지고 있다. 그리고 그것은 사회 개혁의 문제에 관해 그의 선배격인 지식인(사회주의 개혁가)이 견지한 그것과 크게 다르지 않다. 요컨대, (어리석을지언정) 시민의 품위를 유지하는 입장에서 불안정과 결핍만큼은 도저히 용납할 수 없다는 원칙이다. 그가 빈민 구호활동을 하거나 복지사업을 위해 빈민가로 파고들 경우, 가장 충격적으로 받아들이는 것은 그곳 사람들의 실직과 빈곤이다. 다시 말해 불안정과 결핍 그 자체를 제일 큰 문제로 받아들이는 것이다.

면밀한 조직자로서 또는 정의에 굶주린 운동가로서 개혁의 문제를 심사숙고한 사회주의자조차 현대사회의 흐름에 따라 자신의 이론에서 멀어져 어쩔 수 없이 노예국가로 기어드는 마당에 풀밭을 탐하는 나귀와 같은 '실용적 인간'이 바로 그 노예국가로 얼마나 손쉽게 끌려 들어갈지 상상하기란 어렵지 않다. 그 아둔하고 근시안적인 눈에는 노예국가 초기 단계가 제시하는 단편적인 솔루션마저 해갈의 단비처럼 느껴질 것이다. 양이 방목장으로 향하듯 실용적 인간은 자본주의체제에서 노예국가로 돌이킬 수 없는 발걸음을 느릿느릿 내딛는다. 여기 가진 것 하나 없는 존이 있다. 당신은 실용적 관점에서 당장 그에게 얼마를 쥐어준다. 그 얼마는 얼마 안 가 간단히 소모된다. 존은 또다시 가진 것이 없다. 존은 7주째 실직 상태다. 당신은 '기존의 소모적이고 비체계적인 시스템 안에서' 그에게 일자리를 구해준다. 존은 한번 치른 실직의 경험을 되살려 또다시 실직한다.

실용적 인간은 한때 유산자였던 자유인들의 사회를 전혀 알지 못한다. 그런 사회만이 자연스럽게 잉태하는 협동적이고 자발적인 제도(예컨대, 중세 길드─옮긴이), 그런 제도가 보호하는 생산수단의 소유권이 무얼 의미하는지 또한 알 턱이 없다. 그는 본질이 아닌 자신의 체험만으로 세상을 받아들인다. 그 결과 사회주의자가 노예국가의 일반 원칙들을 받아들이는 정도가 들쑥날쑥인데 반해, 실용적 인간은 그런 체제를 이루는 세세한 사항이 드러날 때마다 환호하고 감지덕지한다. 그리고 야금야금 진행되는 자유의 파괴가 (어쩌면 이 자체를 자유의 파괴라 보지 않을지도 모르지만) 그에게는 단 하나의 명백한 솔루션인지라, 동일한 현상 앞에서 격렬히 저항하거나 그 추이를 의심의 눈으로 지켜보는 이론가에게 질색한다.

이 한탄스러운 유형의 개혁가에게 많은 시간을 할애한 이유는 우리 공동체의 특수한 상황들이 그만큼 특별한 힘을 그에게 부여하고 있기 때문이다. 가령 현대사회의 거래 관계를 이루는 제반 조건들은 이런 유의 인간이 이득을 취할 기회로 차고 넘친다. 그는 우리가 사는 이 사회 이전의 다른 어떤 유형의 사회에서도 누려보지 못했을 부를 누리고 있으며, 우리 시대 이전의 어느 시대에서도 발휘해보지 못했을 정치적 수완을 마음껏 발휘하고 있다. 하지만 역사의 모든 교훈, 철학과 종교의 위대한 체계, 인간의 본성에 관한 심오한 이론에 관해서라면 그는 언제나 텅 빈 백지상태다.

실용적 인간 혼자서는 노예국가를 만들 수 없다. 기껏해야 일종의 반발에 직면하고야 말 무작위의 규제들을 양산할 따름이다. 그러나 불행히도 그는 혼자인 적이 없다. 그는 항상 누군가의 조력자이자 동맹군으로 존재한다. 이때 '누군가'란 보편적인 흐름을 바꿀 준비와 능력을 갖춘 특정 권력 또는 권력자일 가능성이 높다. 실용적 인간을 기꺼이 그리고 약간의 경멸감을 섞어 이용해먹는 권력자 말이다. 실용적 인간이 현대 영국 사회에서 그리 많지 않거나 자본주의체제의 특수한 조건들 속에서 경제적으로 그렇게 강력한 힘을 갖지 않았다면, 나는 이 글을 통해 그를 아주 사소하게 다루고 말았을 것이다. 지금 상황에서는 다음과 같은 점을 상기하는 것으로 위안을 삼아야 할 것 같다. 정작 노예국가가 도래하면 그 강력한 조직과 그걸 통제하는 권력자의 명료한 사고가 결국에는 실용적 인간의 영향력마저 도태시킬 거라는 점 말이다.

요컨대, 지금까지 다룬 개혁가들, 곧 사고할 줄 아는 개혁가와 그렇지 못한 개혁가, 실제 벌어지는 과정을 이해하는 개혁가와 그렇지 못한 개혁가 모두 노예국가로 이행하는 길을 닦고 있는 셈이다.

그밖에 개혁의 동인은 무엇인가? 개혁의 대상이 될 사람들은 어떤가? 개혁가들이 이리저리 손질할 수많은 시민의 삶,

대규모 실험의 대상자들은 누구인가? 그들은 이 책에서 줄곧 논의해온 자유인인 무산자 신분에서 자유가 박탈된 노예 신분으로 변화하는 것을 받아들이겠는가 아니면 거부하겠는가?

자본주의체제에서 대중이란 프롤레타리안으로 보아도 좋다. 정의상 실제 프롤레타리아트의 규모와 그것이 전체에서 차지하는 비중은 달라질 수 있지만, 어떤 체제에 자본주의 꼬리표를 붙이기에 앞서 그 체제의 일반적 성질을 규정하려면 먼저 그런 사항들을 꼼꼼히 살피는 것이 필수다.

다만 지금까지 살펴보았듯 자본주의체제는 안정되지 못하고, 따라서 영구적이지 못하다. 곧 수명이 길지 못하다는 얘기다. 자본주의체제를 살아가는 프롤레타리아트의 경우 자기 선조 중 누군가는 경제적으로 자유롭고 가진 것 많은 삶을 살았던 기억 한두 개쯤 가지고 있기 마련이다.

이런 기억 또는 전통이 가진 힘은 현대사회의 프롤레타리아트로서 노예국가를 받아들일 준비는 되어 있는지, 참다운 소유권과 그 소유권이 낳을 자유를 계속적으로 상실할 각오가 과연 되어 있는지를 살펴볼 때 결코 좌시해서는 안 될 중요한 요점이다.

또한 자유의 조건이 충족되는 한 자본주의 계층은 좀더 영리하거나 운 좋은 프롤레타리아트 계층에 의해 침식당할 수 있다는 점도 주목해야 한다. 전자에 의한 후자의 모집 또는 충원은 자본주의 초기 발전 단계에서 흔히 볼 수 있는 현상이었으며, 사회의 지속적인 특징이자 일반의 상상력에 대한 자극제로서 여전히 유효하다. 전체 프롤레타리아트의 삶에서 그것이 차지하는 비중이나 프롤레타리안 개개인이 자본주의체제 아래서 자신의 계층을 탈피하고자 기대할 수 있는 기회가 어느 정도인지는 이 문제에서 그다지 중요하지 않다.

마지막으로 가장 중요하게 고려해야 할 요점은 자본주의가 자유라는 근본적 조건을 허용하는 대신 무산자에게서 빼앗는 안전과 자족을 무산자 자신이 얼마나 갈망하느냐의 문제다.

이제, 오늘날 영국 프롤레타리아트의 상황에서 이들 세 가지 요점이 어떻게 상호작용하는지 자세히 들여다보자. 프롤레타리아트는 분명 영국이라는 나라 국민의 다수를 차지한다. 아일랜드를 제하고 나면 전체의 대략 95퍼센트에 해당하는 규모다. 결론에서 다시 지적하겠지만, 아일랜드의 경우는 자본주의에 대한 반작용, 곧 노예국가로 진행하는 과정에 대한 반발이 이미 일정한 성공을 거두고 있다.

첫째 요점으로 말하자면, 현재 살고 있는 사람들의 기억 속에서 그것은 매우 빠르게 적응해왔다. 전통적인 소유권의 개념은 가난한 영국인의 정신 속에 여전히 강고하다. 그 권리가 가지는 윤리적 함의 모두가 프롤레타리안에게 낯설지 않다. 남의 것을 빼앗는 일이 잘못이라는 관념에 익숙한 반면, 자신이 확보할 수 있는 소유권에 대해서는 아무리 사소한 것이라도 악착같다. 소유권, 유증, 거래, 선물, 계약 등이 무엇을 의미하는지 명료하게 설명할 능력들을 다 갖추고 있다. 현대사회의 프롤레타리아트 중 정신적으로 유산자의 위치에 자신을 올려놓지 못할 사람은 단 한 명도 없다.

그러나 실제로 소유권을 경험한다든지, 그런 경험을 통해 체제에 대한 개인의 입장이 영향 받는 일은 또다른 문제다. 현재 생존해 있는 영국인 대다수는 자신들의 기억 속에서 각자 나름의 (비록 소유권의 규모는 소소할지언정) 유산자들이었고, 그 사실은 자유를 겸비한 소유제도 아래의 대중적 마인드에 아주 생생한 영향력을 행사했다. 그뿐 아니라 좀더 나은 시절의 유증을 간직한 사람들이 입에서 입으로 전하는 전통 역시 멀쩡하게 살아 숨 쉬고 있다. 나 또한 어렸을 적 옥스퍼드에 사는 어느 늙은 노동자로부터 인클로저에 대한 무력시위 중에 몸을 다치고 부유한 판사의 횡포로 징역형까지 언도받은 경험담을 듣고 자랐다. 그런가 하면, 영세기업이 충분히 버틸 수 있었던 섬유산업의 초기 단계랄지, 소유권 분배가 원활히 이루어지던 시절의 얘기를 자신의 경험이나 선친의 경험담을 통해 들려주던 랭커셔의 어느 노인도 아직 내 기억 속에 생생하다.

하지만 그런 모든 일은 지나갔다. 그 과정의 마지막 장은 특히 놀라운 속도를 보여주었다. 거칠게 말해서 그것은 지난 40여 년의 교육법에 의해 성장해 돌이킬 수 없는 프롤레타리아트로 전락해버린 세대의 이야기다. 지금 통용되는 소유권의 의미와 용도, 본능은 이들 세대에는 해당되지 않는다. 소유권의 현재 의미는 오늘날의 임금노동자들로 하여금 노예 상태와 자유 상태를 가르는 전통적 장벽을 무시하게끔 유도하고 있다. 이는 임금노동자들 입장에서 두 가지 강력한 양상으로 드러나는데, 첫째 소유권 자체를 더이상 추구의 대상으로 보지도 않거니와 스스로 쟁취할 수 있는 무언가로 생각하지도 않는다는 사실이다. 둘째 소유권을 독점한 자들을 자기들과는 완전히 분리된 계층으로 보고, 항상 그에 복종하되 종종 시샘하고, 가끔은 증오할 만한 대상으로 인식한다는 사실이다. 가진 자들의 독보적인 위상을 정신적 또는 윤리적 차원에서는 흔쾌히 인정하지 않고 때론 거칠게 부정하면서도, 현실적 차원에서만큼은 이른바 '기정사실'로서 받아들이는 것이다. 그것을 기정사실화하는 근거와 유래에 대해서는 까마득히 잊거나 모르면서 말이다.

요약하자면 이렇다. 오늘날 생산수단의 소유권과 그 소유권을 통해 얻어낼 자유를 대하는 프롤레타리아트의 태도는 더

이상 경험이나 기대에서 나오는 태도가 아니다. 그들은 자기 자신을 그저 임금노동자로 생각할 뿐이다. 오로지 급료를 올리는 것만이 그들에게 절실한 목표다. 그런 그들에게 임금노동자 처지에서 벗어난다는 것은 생존의 현실 논리에서 완전히 어긋난 일로 보일 뿐이다.

이제 둘째 요점, 곧 자본주의체제가 합법적 절차에 따라 프롤레타리안에게 자유와 더불어 계층 이탈을 허용하는 기회를 이야기할 차례다.

요행이나 다름없는 기회와 그것이 사람들의 마음에 가하는 자극은 비록 완전히 사라지지는 않았지만, 영국에서 지난 40년 동안 그 위력의 상당 부분을 소실했다. 그럼에도 자본주의체제를 옹호하든 혐오하든, 그런 기회에 대한 기대는 여전히 프롤레타리안의 계급의식을 둔감하게 하고 있다. 자기 계층에서 (대개는 온갖 술수를 동원해) 자본가의 반열에 오른 구체적 사례가 눈에 선하기 때문이다. 하지만 노동자와 더불어 몸을 한껏 낮추다 보면, 사실상 그런 변화의 기회일랑 한없이 아득한 환상임을 직시하게 된다. 대단위 산업에 종사하는 수많은 임금노동자가 이미 그런 기대를 접은 지 오래다. 복권 당첨의 꿈처럼 늘 과장되지만, 지극히 미미한 기회는 일반 노동자들의 의식 속에 무시해도 될 변수로 추락했다. 현대사회의 프롤레타리안은 스스로를 돌이킬 수 없는 프롤레타리안으로 간주할 뿐이다.

이상 살펴본 두 가지 요점들, 다시 말해 예전의 경제적 자유에 대한 기억과 임금노동자의 처지를 벗어나고자 하는 희망은 노예국가를 현실로 받아들이는 데 있어 강력한 제어기능으로 작용할 만하지만, 사실상 그 위력이 현저하게 약화된 상태다. 따라서 노예국가로 진행되는 것을 밀어붙이고 모든 이를 자족과 안전에 대한 절실함으로 몰아넣는 작금의 상황에 비추어, 셋째 요점이 갖는 중요성은 아무리 강조해도 지나치지 않다. 사회 개혁이 직접적인 영향을 미치는 대상, 곧 대중이라는 존재가 과연 얼마만큼 변화에 대한 준비를 갖추고 있는지 자문할 때 오늘날 가장 심각하게 고려해야 할 문제가 바로 그 셋째 요점으로 드러난다.

만약 임금으로 살아가는 이들에게 접근해 지금 받는 수준을 100퍼센트 보장하는 조건으로 평생 임금노동 계약을 제안한다고 치자. 과연 그걸 거부할 사람이 얼마나 될까?

당연히 그런 계약은 자유의 제한 내지는 상실을 전제한다. 사실 그런 식의 평생계약은 계약도 아니다. 그것은 계약의 부정이자 신분의 수용이다. 그것은 계약 당사자를 노동 능력이 다하기까지 강제노동의 굴레로 묶어놓겠다는 뜻이다. 그것은 계약 당사자의 권리를 (그에게 권리라는 것이 있다면 말이지만) 그의 노동력이 양산하는 잉여가치에 영구적으로 묶어놓겠다는 의미다. 만약에 얼마나 많은 사람이 그런 평생계약보다 자유를 (그에 따르는 불안정 및 결핍 가능성과 더불어) 택할 것인지 묻는다면, "그런 사람은 극히 드물 것이다"가 그에 대한 대답임을 부정할 이가 별로 없을 것이다. 이런 현실이 바로 문제의 핵심이다.

자유를 위해 평생계약을 거부할 사람의 비중이 어떠할지는 사실 아무도 모른다. 그럼에도 내가 보기에는 결국 자유를 내던져 노예 신분을 복원하고야 말 그런 종류의 계약은 강제적이든 자발적이든 오늘날의 프롤레타리아 대중에게 아주 요긴한 무엇으로 다가갈 것이다.

그럼, 이제 초점을 살짝 돌려서 같은 문제를 들여다보자. 자본주의체제에서 대중이 가장 두려워하는 것은 무엇일까? 그것은 필시 법정에서 선고하는 처벌이 아니라 해고, 곧 경제적인 '파면'일 것이다.

지나가는 아무나 붙잡고 물어보라, 당신은 왜 합법성을 무기로 자행하는 체제의 횡포에 저항하지 않느냐고. 현물지급금지령을 통해 엄연히 보호받을 수 있음에도 왜 당신은 공제와 과태료제도에 의한 손해를 감수하느냐고. 왜 이런저런 문제에 대한 자신의 견해를 솔직히 밝히지 못하느냐고, 왜 아무런 반격 없이 온갖 모욕을 고스란히 견디느냐고.

몇 세대 전 이야기라면 아마도 그 사람은 체제가 정한 제도와 법률로 단죄되는 것이 싫어서라고 답할지 모르겠다. 하지만 오늘날 그런 질문을 받은 사람은 직장에서 쫓겨날까 봐 무서워서라고 대답할 것이다.

유럽 역사상 사법私法이 공법公法을 압도하는 상황은 지금이 두 번째다. 자본가가 내규內規를 떠받치기 위해 동원하는 제재의 위력은(이를테면 해고나 감봉 조치—옮긴이) 법원이 부과하는 벌칙보다 강력한 힘을 발휘한다.

17세기에 종교적 신념을 밝히지 못하는 것은 판관의 징벌이 무서워서였다. 오늘날 어떤 사회적 소신을 드러내기 꺼려 하는 것은 상관의 눈 밖에 나기 싫어서다. 예전에는 공권력의 규율을 부정하면 대다수 사람이 두려워하는 징벌을 피할 수 없었으나, 그래도 몇몇은 거기에 저항하곤 했다. 오늘날에는 사적 권력의 룰을 부정하면 사적인 처벌을 피할 수 없는데, 이에 반발할 만큼 간덩이 큰 인간은 별로 찾아보기 어렵다.

또다른 관점에서 문제를 바라보자. 어느 임금노동자의 수입을 인상하거나 그 직위의 안정성을 보장하는 내용의 법률이 통과되었다고 가정하자. 그 법을 집행하기 위해서는 일단 공무원이 나서서 해당 임금노동자가 처한 상황부터 면밀히 조사해야 하지만, 다른 한편으로는 그 임금노동자가 노동력을 제공하고 있는 특정 자본가 또는 자본가 그룹의 주도로 법집행의 이득을 관리하는 게 필요하다. 이와 같이 물질적 이득에 언제나 따라붙는 노예적 조건은 오늘의 프롤레타리안이 자유보다 이득을 선호하는 데 걸림돌로 작용할까? 안타깝게도 그렇지 않다는 게 중론이다.

이 경우 어떤 각도로 접근하든 진실은 하나다. 현재 우리 사회를 지탱하는 임금노동자 대다수는 당장 눈앞에 보이는 수입을 조금이라도 인상해주고, 불안정의 위협에서 자신의 삶을 보호해주는 조치라면 그게 무엇이든 최고선으로 받아들인다는 사실! 그와 같은 선善을 위해서라면 자기들에게 급여를 주어가며 부려먹는 사람의 점차 증가하는 간섭과 통제쯤 의당 치러야 할 대가로 수긍할뿐더러 심지어는 환영한다.

새로 제정되는 법률에서 '피고용인'이라는 단어 대신 '노예'라는 단어를, '고용주'라는 단어 대신 '주인'이라는 단어를 사용해보라. 당장은 그 노골적인 언어 때문에 반발이 있을 것이다. 현대의 사회구조를 놓고 노예국가의 모든 조건을 갑작스럽게 부과해보라. 대번에 반발이 튈 것이다. 그러나 기저부터 꼼꼼히 다진 뒤 첫발을 내딛는다면 거기에 반발은 없다. 오히려 가진 것 없는 자들로부터의 묵인과 감사가 있을 뿐이다. 소유가 수반되지 못한 자유를 통해 오랜 고통과 혼란을 겪은 그들은 합법적으로 자유를 포기하는 순간 '풍족히 가질 수 있다'는 극히 현실적인 전망에 눈을 뜬다.

요컨대, 사악한 자본주의 사회의 마지막 단계를 보여주는 이 시대의 모든 힘이 노예국가의 완성을 향해 결집하고 있다. 관대한 개혁가는 아주 자연스럽게 노예국가를 지향한다. 깐깐한 개혁가는 노예국가에서 자신이 추구하는 이상의 거울을 본다. '실용적' 인간의 무리는 노예국가의 초입에 들어서면서부터 자신들이 기대하고 요구해온 '실용적' 단계들에 직면한다. 프롤레타리아트 대중은 변화에 저항하는 소유와 자유의 전통을 깨끗이 버리고 실증적 이득을 좇아 매우 적극적으로 변화를 받아들인다.

그럼에도 이런 이견이 있을 수 있다. 이론적으로는 모든 것이 옳을지 모르나 적어도 노예국가를 실제로 우리에게 엄습하는 무언가로 실감하는 사람은 없다고. 물론이다. 노예국가의 첫번째 결과를 눈으로 확인하기 전이라면 그 말이 맞을 수 있다.

그러나 현실은 그 첫 번째 결과가 이미 표면화된 상태임을 주장하고 있다. 오늘날 산업화가 한창인 영국에서 노예국가는 더이상 가상의 위협이 아니며 실제로 현존하는 무엇이다. 지금 차근차근 구축이 진행 중이다. 도면이 완성되었고 초석이 놓였다.

9장

노예국가는
시작되었다

이 책의 마지막 장에서는 20세기 초 영국 산업사회에 익숙한 몇몇 법률과 제안들을 통해 드러나는 노예국가의 실상을 다루고자 한다. 앞으로의 논의에 근거가 되어주는 제반 법률과 그 프로젝트들은 검증이 끝난 대상들이다. 그것은 나의 주장이 단순한 추론이 아닌 현실의 관찰에서 비롯한 것임을 말해준다.

노예국가에 대한 증명의 두 가지 형태는 그 자체로 자명하다. 첫째 프롤레타리아트를 노예적 상황으로 내모는 법률과 법률 프로젝트. 둘째 자본가가 현대적 사회주의 실험들로 무력화되기는커녕 오히려 그 세력이 강고해진다는 사실.

나는 그것들을 순서대로 살펴볼 것이다. 우선 어떤 법규 또는 제안의 형태로 노예국가가 우리 가운데 출현한 것인지 따저보겠다.

우리의 주제를 자칫 잘못 이해할 경우, 일련의 생산활동을 강제하는 어떤 구속 장치랄지, 노동자의 이익과 관련해 자본가에게 부과되는 의무 조항들 속에서 노예국가의 기원을 찾으려할지도 모르겠다. 가령 공장법Factory Laws은 이런 오류투성이 설익은 관점을 촉발시킨 요인일 수 있다. 그러나 사실은 전혀 다르다. 그와 같은 관점 자체가 사태의 근본적 요소들을 놓치고 있기에 표피적이고 오류투성이라고 말하는 것이다. 노예국가는 공동체 어떤 구성원의 삶에 법률이 개입하는 것으로 정의될 수 있는 것이 아니다. 곧 법률적 간섭은 어떤 체제가 노예국가이냐아니냐를 드러내는 척도일 수도 있고 그렇지 않을 수도 있다. 가령 어떤 시민이 시민의 자격으로 수행하는 특정 행위를 법률이제한 내지 금지한다고 할 때 그 법률이 노예국가의 입증 요인으로 해석되는 것은 아니다.

예컨대, 법을 만드는 사람이 이렇게 말한다고 치자. "시민이여, 그대는 장미를 꺾어도 좋다. 하지만 그러다가 그대 자신이 가시에 긁힐 수도 있으니, 앞으로는 적어도 122밀리미터 길이를 가위로 자르게끔 할 것이다. 그렇지 않으면 징역형에 처한다. 이제 전국적으로 1000여 명의 경찰관을 배치해 이 법률이 준수되고 있는지 감시할 것이다."

사실 우리는 이와 같은 유형의 입법 취지에 매우 익숙해 있다. 어떤 사안에서든 이에 동의하거나 반대하는 논의들이 결코 낯설지 않다. 다양한 취향에 따라 부담스럽거나 부질없다거나 또는 유익하다거나, 각자의 견해는 다 다를 수 있다. 하지만 이런 입법 취지가 노예국가로 가는 법률로 귀결된다고는 말할 수 없다. 한 공동체의 구성원을 노동과 소득의 관점에서 합법적으로 구별해 두 개의 그룹으로 나누지 않고 있으니 말이다.

장미와 관련한 앞선 입법 취지는 예컨대, 방적공장의 작업 환경을 강제하는 법규가 그렇듯, 지극히 온당하다고도 할 수 있다. 직공 한 명당 이런저런 수준의 기적氣積, cubic space(방의 용적에서 가구 및 사람이 차지하는 부분을 제외한 나머지 공기 용적-옮긴이)을 갖춰야 한다든가, 위험한 기계설비에는 이런저런 보호장치가 수반되어야 한다는 규정 말이다. 이런 법률들은 이른바 '용역계약'의 특성을 이루는 요소들과는 아무런 관련이 없다. 어떤 유형의 기계설비로부터 일정한 거리를 두는 강제 규정은 순전히 인명을 보호할 목적으로 존재한다. 보호받는 인명이 부자인지 빈자인지, 자본가인지 프롤레타리안인지는 전혀 문제가 되지 않는다. 그런 강제 규정이 사실상 우리 사회에 일정한 영향력을 행사해 자본가가 프롤레타리안의 처지에 관심을 갖고 배려하는 결과를 낳을 수도 있지만, 그것이 자본가로서 짐 져야 할 책무와 프롤레타리안으로서 보호받을 권리를 규정하는 것은 아니다.

만약에 내가 연안수리권沿岸水利權을 보유한 사람이라면, 나는 법정 수심을 초과하는 하천 구간에 법정 구속력을 가진 펜스를 설치하도록 강제하는 법률을 따를 의무가 있다. 요컨대, 내가 문제의 하천 구간을 포함한 토지를 소유하지 않았다면 그 법의 강제력은 내게 무의미한 것이다. 따라서 어떻게 보면 그 법률을 통해 나의 사회적 위상이 드러난다고도 할 수 있는데, 오직 토지 소유자만이 그 법의 영향권 안에 놓이며, 토지 소유자만이 해당 구간을 지나는 모든 이의 생명을 보호할 의무를 지기 때문이다.

그럼에도 문제의 법률 자체가 제정된 취지, 그 적용 방식은 공동체 구성원의 범주를 구별하는 것과는 아무런 상관이 없다.

공장법을 면밀히 살펴본 사람이라면 몇 가지 세부 조항과 문안 등에서 자본가 집단과 프롤레타리안 집단의 존재를 함의하는 듯한 대목들을 발견했을 수도 있다. 그러나 우리는 법 규정을 항상 전체적으로, 그 목적을 고려해 받아들여야 한다. 그래야 해당 법률의 강제력이 노예국가의 산실 역할을 했는지 안했는지를 판별할 수 있다.

단언하건대 공장법은 노예국가를 떠받치는 논리와 무관

하다. 물론 법률적 효력이 일정 수준 강제적이고 또 불가피할 순 있지만, 그 법률을 통해 사회적 신분이 강제되는 것은 아니며 그렇기에 노예계약을 조장한다고 볼 수 없다.

사실상 부자보다는 가난한 자에게 초점을 맞춘 법률이라고 해서 노예국가와 관련 있는 것 또한 아니다. 법이론상 의무교육은 모든 시민의 아동에게 필수적으로 요구된다. 물론 금권에 물든 시각으로 보면, 일정 수준 이상의 부를 갖춘 가정에서 굳이 이 법에 구속될 필요는 없다고도 생각할 수 있다. 그럼에도 해당 법률은 공공선의 보편적 가치를 구현하기에 영국의 모든 가정은 이 법이 제공하는 혜택을 공히 누리는 것이다.

아무튼 이상 언급한 법률 사례들은 노예국가를 낳은 요인이 아니다. 노예국가의 입법 취지로 꼽을 수 있는 첫째 사례는 오늘날 '사용자배상책임Employer Liability'이라 부르는 개념에서 드러난다.

이 개념이 하나의 입법 취지로 받아들여질 당시, 새로운 사회적 신분이 그로 인해 규정되었다고는 볼 수 없다. 다만 입법자의 의식 속에 새로운 사회적 신분 고착이 일종의 기정사실로 받아들여졌을 개연성은 충분하다. 법률의 동기는 지극히 인도적이고, 그로 인한 현실적 혜택 또한 아주 요긴한 것이 사실이다. 그러나 이 개념과 그것이 근간을 이룬 법률이야말로 엄격한 원칙에 대한 하나의 작은 소홀함 그리고 비정상을 가볍게 보아 넘기는 시각이 체제 전체에 얼마나 심대한 변화를 초래할 수 있는지 보여주는 사례임에 틀림없다.

공동체 구성원 A가 구성원 B와 계약을 맺어 일정한 용역을 제공받기로 한 상태에서, 용역 과정 중에 제3자인 C에 대해 예기치 않은 피해가 발생했을 때 그 책임은 가해 당사자인 B가 아니라 용역을 기획하고 맡긴 A에게 있다는 법적 논리는 어느 시대, 어느 사회에나 있어왔다.

문제는 미묘하면서도 근본적이다. 고용주와 피고용인의 '신분상 구분'은 거기 포함되어 있지 않다.

A가 B에게 밀 한 부대를 제공한다. 단, 그 밀 한 부대 이상을 생산할 수 있는 A의 땅을 B가 경작해주는 것이 조건이다. 물론 A의 바람은 그 땅에서 밀 한 부대 이상이 나오는 것이며 그 잉여가치를 기대하지 않는다면 B와 군이 계약을 맺지 않았을 것이다. 어쨌든 B는 계약서에 서명했고, 결정 능력을 갖춘 자유인으로서 계약 내용을 이행할 의무를 짊어지었다.

바로 그 의무를 이행하던 중 B의 쟁기가 어떤 수로관을 파손한다. 그 수로관은 A와 C의 계약에 따라 A의 땅을 가로질러 매설된 C의 시설이다. C는 재산상 손해를 입었고, 이제 그걸 만회하기 위해 그가 상식적으로 법적으로 할 수 있는 일은 A를 상대로 피해배상을 요구하는 것이다. 직접적인 가해자인 B는 A가 주도하고 기획한 일을 수행했을 뿐이기 때문이다.

그런데 C가 아닌 B가 피해를 당한 경우, 다시 말해서 피해 가능성을 예상한 채 기꺼이 감수하고서 일한 사람이 바로 피해 당사자일 경우는 문제가 전혀 달라진다.

가령 A와 B가 계약을 맺는다. B가 밀 한 부대를 받는 조건으로 A의 땅을 경작한다는 내용이다. 여기에는 경작하면서 감수해야 할 어떤 위험 부담에 대한 동의도 추가된다. B가 자유인으로서 계약을 맺었다면, 그 모든 위험 부담을 자기 의사에 따라 수용한 셈이 된다. 예컨대, B는 쟁기질을 하다가 손목이 삘 수도 있고, 소 뒷발에 걷어차일 수도 있다. 이때 만약 B의 피해를 배상해주어야 할 의무가 A에게 있다면 두 계약 당사자 간의 신분 차이는 명확해진다. 자유계약의 원칙에 입각하여 B는 모든 위험 부담과 에너지 소비를 포함해, 본인 판단에 밀 한 부대의 등가물로 간주한 노동을 맡아 한 것이기 때문이다. 그럼에도 이와 관련한 법률은 B가 상해를 입었을 경우 그에게 밀 한 부대 이상의 무언가가 돌아가야 한다고 선언한다.

한편 A가 B에 대해 반대의 권리를 가질 수는 없다. 고용주가 피고용인에게 일어난 사고로 인해 피해를 입었다고 해서 약속된 밀 한 부대를 공제할 수는 없는 것이다. 계약에 따르면 밀

한 부대는 일정 수준의 노동이 이뤄졌을 때의 등가물로 간주되며, 지금은 그 노동이 미처 이뤄지지 않은 상태인데도 말이다. A는 B가 계약 이행에 의도적으로 태만하거나 소홀하지 않는 이상 딱히 대처할 방법이 없다. 달리 말하자면, 누군가는 일을 하고 누군가는 일을 하지 않는다는 단순한 사실만이 법제정의 토대를 이루는 근본적인 고려사항인 셈이다. 법은 말한다. "그대는 모든 결과를 감수하면서 자유계약을 체결할 수 있는 자유인이 아니다. 그대는 노동자이며 따라서 약자다. 그대는 피고용인이다. 그런 신분이 계약 상대자에게는 용인되지 않을 특별한 위치를 그대에게 부여한다."

이런 원칙은 더 나아가 고용주로서 자신이 부리는 피고용인들 사이에 벌어진 사고까지도 책임져야 하는 상황을 부르기도 한다.

바로 이런 경우다. A는 일꾼 B, C, D가 우물을 파줄 경우 그 각자에게 밀 한 부대씩 제공하기로 한다. 일꾼 세 명은 작업에 따르는 위험 부담을 인지하고 전원 그 계약을 수용한다. 그런데 B가 밧줄에 매달린 D를 우물 안으로 내려 보내다가 그만 밧줄을 놓쳐버린다. 이 경우 동료 일꾼에게 상해를 입힌 당사자이면서, 의도적이지 않은 사고의 결과라는 점에서는 D와 마찬가지로 피해자나 다름없는 B는 책임을 지지 않는다. 대신 전체 작업을 기획하고 위임한 A가 모든 책임을 진다.

이상의 사례에서 볼 때 A는 단순한 시민 이상의 무엇, 곧 고용주로서 특별한 의무를 갖는다. 그런가 하면 B, C, D는 단순한 시민 이하의 무엇, 곧 피고용인으로서 A에게 특별한 요구를 하고 있다. 강자에 대한 약자의 입장에서 A에게 보호를 요청할 수 있고, 그것이 가능하게끔 국가체제는 두 계약 당사자의 신분 구별을 인정해주고 있는 셈이다.

작금의 사회에서 피고용인은 그처럼 신분 구별을 전제한 제도를 고맙게 받아들이는 것이 사실이다. 같은 노동자끼리는 상대에게 적절한 피해 배상을 하기 어렵기 때문에 모든 사회적 짐은 부자의 몫으로 돌리는 셈이다!

바람직하다. 하지만 요점은 그것이 아니다. 자본주의가 제기하는 문제점들을 해결하고자 할 때 노예 신분의 법제화가 불가피하다는 점이 관건이다. 소유권 분배가 제대로 이뤄져서 누구나 자신이 초래한 피해를 책임지고 배상할 수 있는 사회에서라면 그런 법제화는 어울리지 않을 텐데 말이다.

이 문제는 아주 결정적이진 않더라도 역사적으로 매우 흥미로운 시사점을 드러낸다. 이와 유사한 사회적 제안들이 이미 법제화되거나 현재 그 과정 중에 있는데, 엄밀한 의미의 계약 대신에 신분제를 복원하고, 공동체 구성원을 고용주와 피고용

163

인의 두 가지 범주로 구분함으로써 노예국가의 존재를 공인하고 있다.

이제 마지막으로 살펴볼 문제들은 각별한 주의를 기울여 고찰할 만한 내용이다. 역사적인 관점에서 볼 때 낡은 기독교 국가에 의식적으로 노예제도를 도입한 사례로 읽히기 때문이다. 소위 말하는 '기원'이 아니라, 역사가가 진귀한 현상으로 어렵게 찾아낼 변화의 작은 조짐들이라고나 할까. 그것은 소수가 고안하고 다수가 받아들인 새로운 질서의 토대로서 불안정한 자본주의를 대체할 안정된 체제의 근거로 자리한다.

단순화해서, 다음 세 가지 범주로 묶어 설명해보자.

1. 고용주 계층의 행위 또는 프롤레타리아트 자신의 강요된 행동을 통해 프롤레타리아트의 불안정한 삶을 완화하는 수단들.
2. 고용주가 사려고 하는 모든 노동력에 대해 최소 어느 수준 이하로는 그 값을 떨어뜨릴 수 없도록 강제하는 수단들.
3. 생산수단이 결여된 사람에게 계약을 하지 않아도 되었을 노동을 강요하는 수단들.

마지막 두 범주는 서로 보완관계에 있다.

첫째 범주는 프롤레타리아트의 불안정한 삶을 근본적으

로 뜯어고치기보다는 그 증상만 완화하는 수단들이다.

마침 현재 시점에 아주 좋은 예로 거론될 수 있는 실정법이 존재한다. 다름 아닌 보험법Insurance Act인데, 그 세세한 조항들은 어김없이 노예국가의 진로를 밟고 있다. 근본적인 기준은 단연 취업 여부다. 예컨대, 질병이나 사고의 불운에 대비한 제도 속으로 들어가도록 나를 유도하는 것은 오로지 내가 벌이를 하기 때문이며, 그 벌이가 경제적인 자유를 확보하는 수준에는 미달해서다. 보험법은 그것이 보장하는 직업군에서 경제적으로 자유로운 계층의 노동 형태를 교묘하게 제외시킨다. 나로 말하자면 책을 쓰는 작가이면서, 병으로 몸져누울 경우 부양가족 모두가 크나큰 곤란을 겪는 처지라고 할 수 있다. 그렇다면 나야말로 소득세에 강제로 따라붙는 보험 관련 법규의 대상이 되어야 마땅할 것이다. 그러나 입법자는 나처럼 교육받은 고급 노동자를 염두에 두지 않고, 이 나라에 새로이 등장하고 있는 신분계층, 곧 단순노동에 종사하는 프롤레타리아트를 겨냥해 보험법을 만들었다. 엄밀한 계약관계를 대체할 만큼 고질적인 신분제도의 더욱 놀라운 사례는 이 보험법이 프롤레타리아트를 관리할 의무는 물론 법의 준수를 감시할 의무까지 프롤레타리아트가 아닌 자본가 계층에 부과하고 있다는 사실에서 확인된다. 오늘날 이 문제는 아무리 강조해도 지나치지 않을 중요성을

165

갖는다.

미래의 역사가는 바로 그 점을 우리 시대의 가장 두드러진 지표로 삼을 것이다. 다름 아닌 입법자가 자본주의체제 특유의 폐단에 대한 치료책으로 두 개의 범주를 설정하고, 하층계급에는 조세를 비롯한 각종 체제적 장치를 강요하되, 나머지 상층계급은 바로 그 장치들을 관리·감독하는 역할로 삼는다는 사실 말이다. 로마시대 토지 소유권의 독점화랄지 중세 소작민이 농노화되어가는 과정 같은 과거 중요한 변천 양상을 알고 있다면, 어느 누구도 그와 같은 역사의 전환점이 갖는 의미를 과시할 수 없을 것이다.

예컨대, 최저임금을 정하는 문제와 노동을 강요하는 문제(둘은 서로 보완관계다) 가운데 그 어느 것도 아직은 제도상으로 표면화되지 않은 상태이나, 각기 강력한 옹호세력이 있고 심도 깊게 기획이 진행되고 있어 조만간 실정법으로 그 모습을 드러낼 전망이다.

법규에 의해 일정 액수를 확정함으로써 최저임금을 정하는 문제는 현재 특정 분야, 이를테면 탄광산업에서 활발히 논의되는 중이다. 법은 이렇게 말하지 않는다. "어떤 자본가도 그 많은 시간의 노동에 대해 그 많은 액수 이하를 광부에게 지불해서는 안 된다." 대신 법은 이런 식으로 말한다. "법제화를 추진 중인 지역에서 노동하는 광산업 종사자들은 관할지구 위원회에서 확정한 최저임금액을 법의 강제력에 근거해 요청할 수 있다." 이런 단계에서 다음 단계로의 이동, 곧 자본의 이윤과 물가에 따라 노동임금을 조절하는 일종의 슬라이딩스케일sliding scale 제도로 정착하는 것은 지극히 자연스러운 추이라 할 수 있다. 그로 인해 자본가와 노동자 모두가 당장 요구하는 부분이 채워질 수도 있다. 다시 말해 자본의 관점에서는 혼란 방지가 보장되고, 노동의 관점에서는 안전과 자족이 확보되는 것이다. 그 모든 과정이 자유계약에서 신분제도화로, 자본주의체제에서 노예국가로 진행하는 우리시대 보편적 흐름의 뚜렷한 사례인 것이다.

요컨대, 옛날의 원칙들은 추상적이고 교조적이라 해서 도외시하고, 양 진영 모두 당장의 욕구만을 즉각적으로 해소하는 상황이다. 잉글랜드의 탄광산업 분야에서 드러나기 시작한, 근시안적 욕구의 근시안적 해소 방안과 그에 따르는 불가피한 결과는 노예국가를 만드는 중심 추동력이다.

이제 그와 같은 해소 방안의 본질을 보다 큰 그림 속에서 바라봐야 할 때다.

프롤레타리안이 받아들인 사회적 위상은 자본가를 위해 상당량의 경제적 가치를 창출하되, 그 모든 잉여가치는 자본가에게 돌리고 자신은 작은 일부만 취하도록 스스로를 규정한다. 그런 구도를 통해 노동자와 함께하는 자본가는 사회적 질서의 모든 위험 요소를 뚫고 잉여가치에 대한 기대치를 영구적으로 누리면서 안정을 희구한다. 더불어 프롤레타리안 역시 일정한 수준의 자족과 안전을 보장받게 된다. 그러나 바로 그 보장으로 인해 프롤레타리안은 노동을 거부할 힘을 완전히 상실하고, 자기 스스로 생산수단을 소유할 능력에서 점점 멀어질 수밖에 없다.

이와 같은 구도는 시민을 결정적인 두 개의 계층, 곧 자본가와 프롤레타리안으로 분리한다. 그리하여 후자가 전자의 특권적 위치를 쟁취하는 것을 불가능하게 만든다. 그것은 이미 영국인을 경제적으로 더 자유로운 집단과 덜 자유로운 집단으로 나누고 있는 사회의 구체적 상황들을 실정법이라는 제도적 장치를 통해 기정사실화한다. 더이상 사회는 자신만의 소유권과 노동력을 자유롭게 펼쳐놓고 거래하는 자유인들의 공동체가 아니라, 가진 자와 못 가진 자라는 두 대립된 신분들로 구성된 체제다. 전자는 후자의 생계를 방치해서는 안 된다. 후자는 전자의 특권인 생산수단을 넘봐서는 안 된다. 물론 최저임금과 관련한 실험적 변화 추세는 정도로 보나 질적으로 보나 아직 미미한 수준이다. 하지만 그 전체적인 흐름에 비추어 그것을 단지 이런저런 실정법의 문제로 볼 것이 아니라 한 시대의 틀로서 이해하는 것이 보다 적절할 것이다.

최저임금을 둘러싼 실험적 논의가 입법기관에서 한창일 때 그 주된 논의 주제는 무엇이었나? 내로라하는 강경 개혁론자들이 특별하게 주장한 내용이 무엇이었는가? 광산 노동자들에게 생산수단을 소유할 수 있는 길을 활짝 열어주자는 것이 결코 아니었다. 국가에게 그와 같은 길을 활짝 열어주자는 것 또한 아니었다. 단지 최저임금을 적당히 만족할 만한 수준에서 결정하자는 것이 전부였다. 그것이야말로 우리 모두의 최근 경험이 증언하듯 가장 중요한 쟁점이었다. 광산의 사회 귀속도 아니고, 프롤레타리아트의 생산수단 진입도 아닌, 오로지 임금의 안정과 향상이 유일한 쟁점이라는 사실은 이 책에서 내가 주장해온 논지와 정확히 동일한 방향을 시사한다.

거기에는 자본가가 노예적 조건을 강제하려는 시도도 없고, 프롤레타리안이 그런 조건에 저항하려는 시도도 없다. 양 진영 모두가 근본적인 변화에 동의하고 있을 뿐이다. 토론은 안전하게 확보되어야 할 최저생계의 한계 문제에 집중되었다. 여태껏 너무나도 당연한 것으로 간주되어 제쳐두었던 문제 말이다.

다음으로 주목할 점은 이런 종류의 실험들은 어차피 단편적인 파급력을 야기할 뿐이라는 사실이다. 사람들의 행동과 말을 놓고 판단할 때 공동체 전체를 포괄해 최저임금을 확정할 정도의 보편적 기획이 추진될 공산은 아직은 별로 없다. 만약 그러한 기획이 추진된다면 진정한 노예국가의 출현으로 이어질 테지만 말이다.

광산 노동자들의 파업은 그것이 초래하는 과장된 공포와 더불어 우리 법체계 안에서 최저임금의 조심스러운 발상을 키워온 동인이었다. 사실 정상적인 상황에서 자본가가 선호하는 것은 궁핍의 한도를 오가는 자유민의 노동이다. 그런 무질서 상태는 일시적이나마 값싼 노동력을 제공하기 마련이다. 최대한 근시안적으로 말해서 그런 노동력은 자본주의의 경쟁력 있는 영역에서 여전히 더 나은 이윤 창출의 기회를 제공해준다.

그러나 어느 한 노동자 집단이 국가의 생존에 직결된 분야에 종사해 중단을 허용할 수 없는 상황에 이르고, 그로 인해 일정한 권력을 행사한다면, 입법자가 최저임금이라는 대책을 강구하지 않을 수 없다.

그런 대책이 분야별로 확산되리라는 점에는 별로 의심의 여지가 없다. 예컨대, 일군의 노동자 집단이 당장 실직하지 않으리라는 보장을 받는다면, 그 보장은 일정한 주급週給을 받는다는 조건으로 그런 것이다. 그 주급은 그들의 고용 예상 소득에 따라 결정되어야 한다.

이는 실업수당 정산에서 겨우 한 발 더 나아간 개념이다. 고용 시 받을 액수를 법으로 정하는 단계까지는 아주 작은 발걸음 하나 차이다.

국가는 '노예'에게 이렇게 말한다. "나는 그대가 실직 상태일 때 그 정도는 누려야 한다고 생각했다. 몇몇 드문 경우이긴 하나, 지금 나는 내가 취하는 조치가 고용 상태일 때보다 실직 상태일 때 그대가 더 많이 가져가는 상황을 초래할 수도 있음을 파악했다. 그뿐 아니라 많은 경우 고용 상태에서 그대가 좀 더 많이 가져가긴 하나, 그 차이가 충분치 않아 게으른 자로 하여금 일을 하게 만들거나 취업을 위해 각고의 노력을 하게 만들 정도는 못 된다는 것을 파악하고 있다."

실직 문제에 대한 경직된 대책은 그런 과정을 밟아 고용 상태에서의 최저임금 강제 부과를 모색하지 않을 수 없게 만든다. 그리고 실업수당과 관련한 모든 강행 규정은 최저임금제를 낳는 씨앗이다.

그런 문제에 국가가 나서서 규제한다는 사실 자체만으로도 파급효과는 날로 커지기 마련이다. 국가가 이미 특정 산업의 임금 통계치를 수집하기 시작했고, 그것이 구체적인 목표를 염두에 둔 정책의 일환이라면, 이는 곧 모든 비중이 '규제'에 실려 있음을 의미하는 것이다. 실로 가까운 미래에 임금을 법규로 고정하는 추세가 현대 산업사회의 각 방면에 점진적으로 확산되리라는 전망은 그다지 과한 예견이 아니다. 노동자 측에서는 이를 자족과 안전을 보장하기 위한 체제 차원의 노동조건 개선책으로 받아들일 것이고, 자본가 입장에서는 자본가 그룹과 노동자 그룹 사이에서 법적 효력을 갖는 계약관계상 합리적 제안으로 받아들일 것이다.

최저임금 원칙에 대한 이야기는 이 정도로 해두자. 이미 우리의 실정법상에 나타난 현상이기도 하거니와 날로 확산되어가는 추세인 것만은 분명하다. 이제 우리가 주목할 문제는 최저임금 원칙의 도입이 어떻게 노예국가로 진행을 부추기는가다.

최저임금 원칙이 그 반대급부로서 강제 노동의 원칙을 포괄한다는 점은 이미 말한 내용이다. 사실 이 탐구에서 최저임금 원칙이 갖는 중요성 대부분은 강제 노동이라는 그 필연적 반대급부의 의미 안에 죄다 들어있는 셈이다.

그러나 처음 보기에는 그 둘 사이의 관계가 명확하지 않을 수 있기에 우리는 그 관계를 기정사실화하기보다는 차근차근 추론의 과정을 통해 입증하기로 한다.

프롤레타리아트에게 실정법으로 자족과 안전을 강요하는 정책이 그에 발맞춰 노동을 강요하는 정책으로 이어지는 과정에는 두 가지 형태가 존재한다.

첫째는 최저임금을 주고받는 당사자들에 대해 법이 강제하는 형태다. 둘째는 최저임금 원칙이 받아들여지고 자족과 안전의 원칙까지 확보된 상황에서 정상적인 고용 상태로부터 배제된 계층에 대해 사회가 책임지고 부양하는 형태다.

먼저 첫째 형태부터 살펴보자.

어떤 프롤레타리안 집단이 자본가 집단과 다음과 같은 내용으로 타협을 보았다. 한 해에 10을 생산하고 자신들은 그중 6만을 취하는 것으로 만족하며, 나머지 4는 자본가들을 위한 잉여가치로 떼어놓는다. 타협은 그런 식으로 비준되었고, 이제 법원의 강제력으로 실행에 옮겨지게 된다. 만약에 자본가들이 일련의 페널티를 부과한다든가 노골적인 약속 위반을 통해서 6에 못 미치는 임금을 지불할 경우, 법원이 강제력을 동원해 이를 제어할 수 있어야만 한다. 달리 말해, 승인된 법률을 통한 징벌의 효력이 있어야 하고 그 효력으로써 사태 해결이 강제되어야 한다. 반대로 노동자 입장에서 이 타협을 뒤집는다고 가정해보자. 곧 6 대신 7을 새롭게 요구하면서 일을 하지 않기로 한다. 그런 경우 역시 법원은 이를 제재하고 징벌할 힘을 가지고 있어야 한다. 애초 타협안이 일시적인 효력만 가질 경우에는 노동자를 제재하는 개별 조치가 반드시 강제 노동 조치로 구체화된다고 말하기에는 무리가 따를 것이다. 반면 오랜 세월에 걸친 하나의 시스템이고, 정상적으로 받아들여질 만큼 자연스러운 노동의 과정이며, 하나의 관행처럼 받아들여진 타협안일 경우에는 얘기가 다르다. 예컨대, 임금 변동이 그다지 심하지 않은 분야에서 다음과 같은 상황은 드물지 않은 광경이다. "이 지역 노동자들은 아주 오랜 세월 주당 15실링을 받아왔습니다. 그렇게 해서 시스템이 완벽하게 잘 돌아갔어요. 그런데 이제 와서 더 많이 가져가겠다는 이유가 당최 보이지 않습니다. 게다가 그 정도 액수면 충분하다고 스스로 공식 인정까지 한 상태입니다. 그럼에도 법이 계약으로서 인정한 약속을 이행하기를 거부하고 있습니다. 그들은 기존 계약의 테두리 내로 돌아오든지, 아니면 그에 따른 결과를 받아들여야 할 것입니다."

그와 같은 권력의 위세가 사람의 마음을 어떻게 요리하는지 따져보라. 그와 같은 시스템이 하나의 통념으로 굳어질 때 공동체의 모든 분야에 그것이 어떻게 보편적 관점으로 둔갑하는지를 떠올려보라. 우리 사회에서 얼마나 가벼운 위협만으로도 인간을 조종하는 것이 가능한지를 살펴보라. 방출의 위험에 시달리면서 하루하루를 근근이 버텨나가는 프롤레타리안 대중, 겨우 생계를 이어가게 해주는 임금에 대한 삭감 위협에 이미 익숙해질 대로 익숙해진 그들을 생각해보라.

어떤 사람이 자신이 받은 임금의 일부를 실직에 대비한 보험 명목으로 떼어놓도록 법에 의해 강제되었다고 치자. 그는 그 금액이 어떻게 쓰이는지를 판별할 위치에 있지 않다. 이미 그 금액은 그의 손을 떠났다. 그렇다고 그가 조정할 수 있는 단체의 재량에 맡겨진 것 또한 아니다. 그것은 정부 행정관의 수중으로 넘어간 상태다. "여기 주당 25실링을 받는 조건으로 당신이 해야 할 일이 있다. 그걸 하지 않으면 당신은 지금까지 임금에서 공제되어온 돈에 대한 권리를 잃게 될 것이다. 그 일을 하겠다면 그간의 공제액은 계속해서 당신 몫으로 남아 있을 것이고, 훗날 당신의 과오나 의도적인 노동 거부로 실직하는 경우만 아니라면, 그 금액의 일부를 사용하는 것까지도 허용할 것이다." 그와 같은 강제 장치 속에 인력을 끼워 맞추는 것이야말로 직업소개소를 통해 무한 축적되는 등록절차들의 기능이다. 그로 인해 공무원이 특정 계약을 강요할 권력을 쥔다든지, 각종 과태료로 위협해 개인의 노동을 강요할 수 있게 될 뿐 아니라, 노동자 개개인의 신상이 기록된 자료들을 확보하게 된다. 그런 식으로 신상 등록이 이뤄진 개인은 절대로 그 굴레에서 벗어날 수 없다. 망에 갇힌 인원은 계속해서 불어날 것이고 전체 노동력은 정교하게 설계되고 통제될 것이다.

이런 과정은 매우 강력한 강제 장치의 실상을 적나라하게 보여준다. 그리고 그런 장치는 이미 이 시대에 가동 중이다. 이미 우리의 실정법 속에 들어와 있다.

그런가 하면 이른바 강제중재compulsory arbitration(노사관계 당사자의 신청이 없어도 행정관청의 요구나 노동위원회의 직권으로 개시되는 중재 - 옮긴이)라 불리는 명백한 강압 조치가 있다. 그 강압적 성격이 얼마나 노골적인지 프롤레타리아트의 입장에서도 거부감이 크다. 나는 유럽 어느 문명공동체의 노동자도 그런 투박한 중재 방식에 넙죽 승복하는 경우를 보지 못했다. 그것이야말로 일괄 타협을 빌미로 영구적인 노예 신분을 받아들이겠다는 선언이나 마찬가지다.

최저임금 책정과 고용 조건에 대한 정밀한 기획으로 노동 강요가 이뤄지는 둘째 양상은 다음과 같이 설명할 수 있다. 가령 밀 생산 작업에서 건강하고 능력 있는 노동자가 10을 생산할 수 있다고 할 때, 그에게 돌아가는 노동 가치를 6으로 제한하고 자본가는 자기 몫으로 4만큼만 취하게끔 강제한다고 치자. 만일 자본가가 자신의 의무 규정을 저버리고 노동자에게 6에 못 미치는 밀을 지불하려고 시도한다면, 법이 나서서 그를 벌할 것이다. 그런데 그 정해진 6만큼도 생산해낼 건강과 능력을 가지지 못한 노동자는 어떻게 처리해야 할까? 자본가는 그 노동자가 생산해낼 수 있는 가치 이상의 것을 그에게 지불해야만 하는가? 그렇지는 않다. 이 사회가 자본주의 단계를 밟는 동안 일으켜 세워진 생산 구조는 새로운 법률과 관습에도 불구하고 건재하다. 수익은 여전히 필수조건이다. 그 원칙이 붕괴되고, 심지어 법이 손해를 강요한다면, 이는 자본주의 개혁들을 떠받치는 정신 자체와 상충하는 결과를 낳을 수 있다. 현재 불안정이 지배하는 상태에 안정을 가져오고, 아이러니하지만, 자본과 노동을 화해시키자는 정신 말이다. 최저임금 수준에도 못 미치는 노동력으로 자본의 손해를 강요하기란 불가능하다. 자본의 파산 없이 그와 같은 불안정 요소를 어떻게 제거할 것인가? 대다수 영국 노동자가 제몫의 임금을 보장받기 위해 열심히 일하는 가운데, 최저임금조차 벌지 못하는 노동자를 위해 무상의 지원을 해주는 것은 무능과 태만에 부여하는 일종의 특혜로 보일 수 있다. 그에게 어떻게든 일을 시켜야 하는 이유다. 가능하면 최소한의 자족이 가능할 만큼의 경제적 가치를 창출할 수 있도록 교육받아야 한다. 하다못해 일터에서 자리라도 지켜야 한다. 그렇지 않으면 자유 노동자로서 그의 존재 자체가 최저임금이라는 제도 전체를 위험에 빠뜨리고 공동체 안에 불안정 요소를 지속적으로 끌어들일지 모른다. 요컨대, 최저임금을 받는 그는 강요된 노동에 구속될 수밖에 없는 처지다.

마지막으로 이 책의 주제와 관련한 구체적 양상에 대해 짚

177

고 넘어갈 점이 있다. 나는 이 마지막 장에서 오늘날 영국 산업 사회에 낯익은 법률과 제도들을 통해 노예국가로 진행되는 어떤 흐름의 존재를 살펴보았다. 아울러 그런 법률과 제도가 어떤 방식으로 영국 프롤레타리아트 계층을 노예적 조건 속에 몰아넣는지를 드러내 보였다.

이제 남은 것은, 이른바 집산주의적 개혁의 본질, 곧 생산수단을 사적 소유에서 공적 소유로 전환하려는 시도가 지금 어디에서도 시도되고 있지 않다는 사실을 지적하는 일이다. 대신 자치화와 국유화 과정 속에 이뤄지는 '사회주의적' 실험들은 자본가 계층에 대한 공동체의 의존성을 점점 더 가중시키고 있을 따름이다. 이를 증명하기 위해서는 그 실험들 하나하나에 '대여loan'라는 장치가 작동하고 있음을 들여다보는 것으로 족하다.

생산수단의 일부분을 사들이기 위한 목적으로 발행되는 국채와 지방채의 의미는 과연 무엇일까?

가령 일부 자본가들은 선로와 차량을 대규모로 소유하고 있다. 이를 통해 그들은 다수의 프롤레타리안을 노동 현장에 투입하고, 그로써 경제적 가치를 창출하게 된다. 프롤레타리안의 생계에 해당하는 몫을 제하고 나서 자본가들이 얻어낼 잉여가치는 엄청나다. 우리는 이런 종류의 시스템을 현지 지방자치

단체에서 어떤 식으로 공영화municipalized하는지 잘 알고 있다. 먼저 공채를 발행한다. 거기에는 이자interest가 포함되고, 감채기금sinking fund이 얹힌다.

이와 같은 채권은 현찰의 개념으로 거래되지만 사실상은 현찰로 되어 있지 않다. 그것은 일련의 교환 과정을 거쳐 결국에는 자본가들이 지방자치단체에 선로와 차량을 대여하는 것 이상도 이하도 아니다. 타협에 앞서 자본가들은 이전까지 거둬 온 이윤과 더불어 일정 기간이 지나 처음 양도할 당시 업체의 원래 가치에 육박할 연간 수익을 보장받기를 요구한다. 이런 식으로 따라붙는 추가액을 이른바 '감채기금'이라 부르고, 과거 잉여가치의 지속적인 지불을 '이자'라 칭하는 셈이다.

생산수단의 일부 소규모 단위들 같은 경우, 이런 방식으로 취득하는 것이 이론적으로는 가능하다. 이때 그 특정 단위는 '사회에 환원되는 것socialized'으로 해석할 수 있다. 감채기금은(한마디로 자본가들의 시설물에 대한 분할 지불금), 이런 경우의 상당한 사회적 의미를 고려하면, 공동체에 부과하는 종합 과세로 얼마든지 충당할 만하다. 그런가 하면 '이자'는 경영을 잘 해서 철도 운행을 통한 진짜 이윤으로 충당할 수 있을 것이다. 그리하여 일정 기간이 지나면 공동체가 선로와 차량을 소유하게 될 것이고, 그 점에서는 더이상 자본주의의 수탈 대상이 되지 않을 것이며, 종합 과세를 통해 자본주의 자체를 '바이아웃'할 것이다. 그렇게 하여 작은 규모로나마 '사회화'가 성취될 수 있는 것이다.

하지만 현실에서는 일이 그렇게 수월하지가 않다.

이와 같은 공용 징수의 작은 실험조차 다음 세 가지 조건에서 장애에 부닥친다. 우선 시설이라는 것이 항상 실제 가치보다 비싸게 팔린다는 사실. 아울러 구입 대상에 비생산 물품이 포함되기 마련이라는 사실. 마지막으로 대출 속도가 상환 속도보다 훨씬 빠르다는 사실. 이들 세 가지 불리한 조건들은 결국 국가라는 체제 안에 자본주의를 보다 안정적으로 고착화하는 결과에 이르고 만다.

선로와 차량이 넘어가면서 실제로 무엇에 대한 지불이 이뤄지는가? 과도한 값일지언정 있는 그대로의 시설 그 자체뿐일까? 천만의 말씀이다! 선로와 차량을 넘어 온갖 수수료와 법률 상담료, 과정에 참여한 사람들에 대한 보수 그리고 크고 작은 웃돈들까지 포함된다. 그것으로도 얘기가 끝나는 것은 아니다. 철도사업은 그나마 생산적 투자에 속한다. 놀이동산이랄지 세탁장, 목욕탕, 도서관, 기념관 같은 것은 어떨까? 이런 시설들 대다수는 '대여용loans' 상품이다. 당신이 어떤 공공시설물을 세운다면 그것에 들어가는 벽돌과 모르타르, 강철, 목재, 타일들을 자본가들로부터 빌려와야 한다. 그것은 곧 이자를 물고 감채기금을 형성하기 위해 당신 자신을 저당 잡히는 것과 같다.

한마디로 우리 세대의 유럽을 통틀어 이와 같은 실험들의 결과는 언제나 상환 속도만큼 빠른 부채의 증가, 자본에 대한 종속의 심화였다. 자본주의는 다른 모든 방식을 포함해 이와 같은 가짜 사회주의 형식을 동원해서도 자신이 패자가 아닌 승자가 되게끔 효율적인 조치를 취해왔다. 아울러 사유화된 생산수단의 몰수를 현실적으로 금하는 모든 힘들은, 바이아웃을 통해 몰수를 위장하려는 시도를 실패로 이끌 뿐 아니라, 특권에 대항할 용기가 없는 자들에게 등을 돌리게끔 유도했다.

이상의 예시들을 통해 나는 집산주의가 어떻게 자본주의의 위상을 강고하게 굳혀주며, 우리의 법체계가 프롤레타리아트에게 어떤 방식으로 노예국가를 강요하는지 구체적으로 규명해 보였다고 생각한다.

적어도 영국에서 산업사회의 흐름이 지금과 같은 방향으로 지속될 경우 그 미래의 모습은 프롤레타리아트에게 자족과 안전이 보장되나, 그 보장은 실질적인 자유를 대가로 치르면서 사실상 노예적 신분의 고착화를 조건으로 하는 모습이 될 것이다. 그와 동시에 가진 자들은 생산수단의 원활한 가동과 그에 따른 이윤 창출은 물론, 사회의 자본주의 단계에서 한때 주춤

했던 안정성의 회복을 보다 확실히 보장받게 될 것이다.

자본주의 단계에서 사회를 위협했던 내적 긴장이 그런 식으로 이완될 것이며, 유럽에서 기독교 신앙이 발흥하기 이전 창궐했던 노예국가의 논리가 다시금 우리의 공동체를 지탱하는 상황이 올 것이다. 기독교 신앙이 멀어지게 해주었던 그 토대로, 기독교 신앙이 쇠퇴하면서 우리 모두 회귀하고 마는 셈이다.

과거의 현저한 사회적 흐름을 정확하고 자세하게 기술하는 일은 그에 필요한 연구와 조사에 충분한 시간만 할애한다면 얼마든지 가능한 일이다. 물론 쉬운 일이랄 순 없지만, 어쨌든 과거 역사의 테두리를 벗어나지 않는 작업이기 때문이다.

하지만 미래의 문제를 논하는 것은 전혀 다른 일이다. 그 광범한 양상이나 구조적으로 두드러진 윤곽을 잡아내는 수준조차, 미래의 정확한 기술은 아무나 할 수 있는 일이 아니다. 그나마 할 수 있는 일은 현재의 주된 동향을 제시하는 것뿐이다. 곡선방정식을 정하고 그것이 다음 시대의 전개 양상에 어느 정도 맞아떨어질 것이라고 추론하는 것이 전부다.

현재로서는 16세기에 기독교 문명의 지속성으로부터 이

183

탈한 사회들, 곧 북부 독일과 대영제국의 현재 모습이 노예 신분의 복원으로 흐르고 있다는 판단이다. 지역적인 상황들과 특성들에 의해 다양한 양상으로 변질되고, 여러 형태들 속에 그 본질이 가려지겠으나, 저들 신흥 자본주의국가체제에서 노예적 상황은 조만간 가시화될 것이다.

자본주의적 무질서 상태가 오래가지 못하리라는 것은 명약관화한 사실이다. 현재로서는 그 귀착점이 극히 한정될 수밖에 없다는 점 또한 누가 봐도 명백하다. 지금까지 누차 얘기했지만, 나로서는 그 길이 둘 이상으로는 보이지 않는다. 생산수단 소유 권한의 적절한 분배를 향한 움직임이 하나요, 노예제도의 복원이 다른 하나다. 이론적인 집산주의로는 사회가 실질적으로 의미 있는 변화를 맞이할 수 없으리라는 것이 나의 판단이다.

그럼에도 산업사회에 노예제도의 그림자가 잠행하고 있다는 나의 확신이 곧바로 유럽의 어두운 미래를 단언하게 만들지는 않는다. 유럽의 힘은 당장 눈으로 확인되는 차원에만 머물지 않는다. 그것은 한때 기독교문명이 만개했던 나라들에 복합적인 잠재력의 매듭으로, 유장한 정신의 불씨로 존재한다.

더욱이 자본주의 사회의 그와 같은 귀착점을 단호히 거부할 만한 유럽의 몇몇 나라를 당장 거론하는 것도 가능하다. 이른바 '발전'이라든가 국가적 번영에 스스로를 동일시해온 현대 산업체제를 회의적으로 바라보며 오늘에 이른 경우인데, 기독교 역사의 매우 중요한 시기인 16세기 격랑 속에서도 전통과 윤리의 지속성을 지켜낸 이들 나라의 대표주자는 단연 프랑스와 아일랜드다.

나의 개인적인 느낌으로 말하자면, 노예국가가 하나의 강력한 조류를 형성해 오늘날의 프러시아와 잉글랜드로 범람하고는 있으나, 결국에는 변질되거나 어쩌면 전쟁에서 패퇴하는 등 저 두 나라와 같은 보다 자유로운 사회의 강력한 저항을 넘지 못할 것이고, 완전한 체제를 구축하려는 시도는 실패에 직면하고 말 것이다.

아일랜드는 일찍이 자유 소작농 제도를 적극 추진했고 우리 세대는 그것이 성공적으로 정착하는 광경을 다같이 목도했다. 프랑스는 노예국가를 도입한 다른 나라들의 여러 실험에 대해 누구보다 대중이 들고일어나 반발했으며, 무엇보다도 전통적인 수공업 장인들을 시민과 유리된 계층으로 등록시키고 '보험 처리'로 구속하려는 최근 시도를 보편적이고 강력한 저항으로 궤멸시켰다.

이처럼 미래의 전망 속에 엄존하는 자유사회의 존재가 노예국가로 진행되는 것을 가로막는 강력한 요인으로 작용할 것을 나는 믿어 의심치 않는다. 그것은 때론 직설적인 공세로, 때론 우회적인 모범을 통해 노예국가의 조류를 변화시킬 것이다. 그리고 바라건대, 가톨릭의 전통 아래 성장해온 인간으로서의 신념이 유럽인의 심장 속에서 다시금 그 내밀한 위상을 되찾아 노예국가로 퇴행하는 이교적 유혹을 언젠가는 완전히 뿌리칠 날이 오기를 희망한다.

Videat Deus

신이여 굽어살피소서

노예국가

1판 1쇄 찍음 2019년 7월 25일
1판 1쇄 펴냄 2019년 8월 1일

지은이 힐레어 벨록
옮긴이 성귀수
펴낸이 천경호
종이 월드페이퍼
제작 (주)아트인
펴낸곳 루아크
출판등록 2015년 11월 10일 제409-2015-000020호
주소 10083 경기도 김포시 김포한강2로 208, 410-1301
전화 031.998.6872
팩스 031.5171.3557
이메일 ruachbook@hanmail.net

ISBN 979-11-88296-31-6 03300